시오름 2집

다시, 신호등을 켜다

시오름 2집

다시, 신호등을 켜다

문학공원

‖ 인사말 ‖

다시 신호등을 켜다

이정환(회장)

잠 깬 공간에 소리를 담는 아침
나는 신호등 앞에 서 있다
과로로 비틀거리는 자동차는 질주라는 본능으로
고요의 리듬을 깬다
버스가 뒤뚱거리며 달려와 술 취한 승객 토해내고
잠이 덜 깬 손님 몇 명 골라 쓰린 속 채우고 떠난다
지난밤 사람이 흥건히 쏟아낸 말들은 이른 새벽의 청소부가
말끔히 치워냈다
영혼의 하루 의식을 위해 다시 도로 한복판에
신당神堂을 차린 사람들
무당의 춤사위에 홀린 신호등이 색을 바꾼다
바닷가 백사장 모래가 바람에 미끄러지듯
길 위에 선 사람을 반대편으로 밀어낸다
정부과천청사역 4호선 8번 출구는
시작과 끝의 교차점이다
동시간 대 운동 중인 나와는 정면으로 부딪힌다

가능한 출근길의 피곤한 샐러리맨들에게 피해 주지 않으려 피해간다

피로라고 하면 그것의 연상은 출근길 거리에 갇혀 무표정한 날의 젊음이었다

운동 후엔 종종 출구 인근 갤러리 카페로 간다

가끔씩 들러 전시된 글과 그림을 본다

작가들의 전시 공간이다

관람료는 따로 없고 차 한 잔으로 대신 지불한다

난 9회말 2아웃의 무명작가다

이 공간을 애착한다

지난해 무중력의 우주로 첫 작품『다리를 잇는 사람들』을 쏘아 올렸다

한 해의 교차로에 서 있는 아침

다시 중력의 신호등을 켠다

세계는 지금 APEC 경주로 눈이 몰린다

K팝이 있고, K뷰티, K음식이 있다면 이젠 K詩人의 詩로 사람의 마음을 흔들 차례다

차례

동시

수필

평론

차목련

백지다
눈앞이 캄캄하다
수년 손 놓았던 시험지에 무슨 답을 써야 하나
백야의 걸음을 뗀다. 뒤쪽에서 찬란한 불빛이 비친다
반사된 빛 때문에 눈을 뜰 수가 없다
이명이 들린다
말도 안 되는 헛소리라도 홍얼거리란다
눈 딱 감고 필을 든다

어쩌다 한 번쯤은

오늘 운세는 극 맑음

어쩌다
전 상영관을 혼자서 접수했다

끗발 나는 타임이다

탁상에 놓인 커피잔의 향내
상큼한 주스의 매혹
발 뻗고 누워 부르조아의 단내를 빤다

"위대한 유산"에서 신분 상승한 디카프리오의 행색이
이 공간 안의 나다
몸은 분위기에 들떠 춤추는데 내면은 동굴로 들어간다

내 생애
복권 한 장 긁어본 적 있었던가
흙 묻히는 일 외에는

하루쯤,
디카프리오의 데칼코마니가 되어도 좋을 삶

몸집 키워낸 가을 잔영들

화면이 달아오른다
절절한 목소리가 장내를 휘어잡는다

도시 청개구리

한,
마리 청개구리
아파트 사각의 개수대 링 장에 갇혀
논배미* 물꼬는 요원한데
생의 펀치에 몰입 중이다

한 촌 귓불 붉은 계집애
바람결에 묻어온 버터 냄새 따라
사막 한가운데를
수십 년 걸어도 물길 찾지 못한다

이제는 누구 한 사람 귀띔해 주지 않는
이순耳順
물구나무서기가 연속인 시간들

며칠, 집을 비운 밤
자화상의 몰골이 궁금해
한 치 오차 없는 수색에도
걸려들지 않는 네 모습

생은 아직도 현재진행형이다

* 논배미 : 논두렁으로 둘러싸인 논의 하나하나의 구역을 의미한다.

환희

소리로 마음을 켠다

탕,
심장을 강타하는 터치
열여덟 소년의 손끝이 뿜어내는 울림

그는 영혼에 숨을 불어넣고
나는 숨죽여 받아마신다

'초절기교'와 '절대기교'를 버무려
격정의 나래를 펼치는 몸짓

이른 봄 새싹 어린잎을 쓰다듬다
야산 등성이를 간지럽히다
깊은 골 맑은 물로 찌든 세파의 얼룩을 닦아낸다

높고 낮은 음을 올 내리다
저,
높은 곳을 우르르
두 손 펼쳐 갈구하다 폭포수로 내려

꽂힌다

메켈레, 단테
산자와 사자를 접신해 우주를 환희로 몰아가는
숨, 죽인 공간

지휘봉을 놓은 지휘자,
연주자를 끌어안고 흘리는 눈물

콩쿠르가 리사이틀에 오버랩되는
착시

분출

눈길 머무는 곳이 분출구죠

고뇌와 환희로 조리된 상차림
입맛 당기는 먹거리죠

육신이 녹아내리는 피와 눈물로 끓여 탄식과 울분으로 양념한
목젖에 걸릴 잔뼈마저 추려낸 진국이죠

첫 차림표의 충격에 두통과 멀미 극한 어지럼증에 시달렸죠
그, 강렬한 색채의 원형질에 마비된 전신

능선이 부드러운 겸재 정선의 산수화나,
삶의 질곡을 담아낸 우환 화백의 '고진감내'에 길들어진

두 개의 심장을 자르면 흰 처마 폭에 쏟아지는 폭포
상처 입은 식탁 위 혀끝으로 빚은 찬란한 비애

만찬의 주재료는 사랑인데 질기고 모가 지죠
사랑을 그리고 아픔을 꿰매 영혼의 일기를 쓰죠

신선한 먹거리의 화력이 강렬하지요

화면 전체가 활화산이죠

스친다

서둘러 오라는 말 미리 눈치챘을까
풍경소리 멀어져간 그 너머
길
없는 길 밟고 떠난 그대
뜸 들이다 걸쳐놓은 밥숟가락
김 서린 막사발 밥그릇에 걸쳐놓고
재채기 한번 없이 서둘렀는지
흠투성이 나를 탓하지 못해
무거운 족쇄 차고
가보지 않은 길을 대신 갔는지
놓을 줄 모르고 움켜쥔 날의 지문
주렴처럼 엮어간 비린 비늘만
구름 사이로 떠다닌다
하늘이 날로 높아지는 것은
슬픔의 길이를 잘라내어
젖어있는 마음 내어 걸라고
얼굴 내미는 빛
푸르른 날의 고운 무늬
생시인 듯 꿈인 듯 스치어 간다

차목련

한국문협회원
1999년 ≪수필과 비평≫ 수필 등단
2015년 ≪시인정신≫ 등단

지창영

삶이 과거 속으로 빨려든다
오늘의 내가 어제의 나로 흡수되고
곁에 있던 이들이
과거의 사람이 되어 간다
나도 그럴 것이다
그래도 시는 남는다

불타는 태백산맥

산들이 일제히 불꽃 축제를 벌인다

추가령 구조곡에서 발화된 단풍 전선이
금강산-설악산-오대산-태백산을 거쳐
파죽지세로 남하한다

한 많은 세월 숨죽여 온 뿌리들이
어둠을 더듬어 교신하던 암호 속에
저렇게 많은 화약이 장전되어 있었던가

포탄에 숨져 간 마른 뼈들을
뿌리처럼 부여안고 벌겋게 토해내는
황토의 속울음

포대가 숨어 있던 능선 능선이
집중포화를 맞고 타오른다

태양이 불을 붙인 도화선
포성 없는 포화, 찢기지 않는 폭발로
불타는 산맥이 반도를 꽃피운다

애상哀想

관목 위의 잔설은
고향이 그리운지
시나브로 구름을 닮아간다

이슬 몇 방울 남기고
북두성으로 돌아가겠지
시린 계절 다하고 나면

햇볕 따스운 날 문득,
올려보는 하늘에 눈부실
당신의 하얀 미소

잔상

사진 속에서 웃고 있는 얼굴은 분명 나다
나와 악수하고 있는 사람은 떠나고 없다

그날의 미소는 햇살만큼이나 눈부셨다
하천가에는 버드나무 물오르고
맞아, 우리는 버들피리 얘기를 나누었지
옛날은 소중하다고 맞장구치면서

추억을 얘기하던 시간은 다시 과거가 되고
필름을 되돌려 보는 배우는 조금 더 늙었다

거리를 걸으면 한때 나였던 사람들의 그림자

죽은 나의 회고록 속에서
나는 오늘을 산다

스타벅스에서

카를 파킹할 필요 없어요
드라이브스루로 패스하면서
자스민에게 포레스트 콜드브루를 오더하고
액셀러레이터를 살짝 푸시해 지나가면
써니가 매직처럼 비버리지를 건네죠
애플리케이션을 인스톨하면
페이스 투 페이스 오더도 가능해요
마이 페이버릿이 내 테이스트를 기억해 주고
결제는 쉐이크 투 페이로
헤이, 당신
앞만 보고 그냥 지나가세요
바쁘시잖아요
8차선 하이웨이 레이싱 대열로 조인해야죠

스위트한 시스템에 길들어 가는
커스터머의 뒷모습을
세이렌이 야릇한 미소로 지켜보고 있다

통증 접속

퇴원 후 곰곰이 생각했다
그날 아무 이유도 없이 왜 넘어졌는지
발목은 왜 꺾였는지

꺼진 회로에 몰려든 과부하는
오래 잊고 있던 통증을 깨웠다

접속은 통증을 동반한다
아픔 없는 접속은 매트릭스의 허상
꿈에서 튕겨져 나와 비로소 알았다

가슴에 붙어 있던 노란 리본에 불이 켜졌다
너와 나도 통증의 연속이었다
신경이 이어질 때마다 움찔 놀라곤 했다

바닥을 짚은 손가락이 골절되거나
발목이 부어 목발을 짚으면서
그렇게 세상과 접속하는 것이다

지창영

충남 청양 출생. 시인, 문학박사.
2002년 계간 ≪문학사계≫로 등단.
시집, 『송전탑』, 『송전탑 이슬』

이정환

엄마의 겨울

기차를 탈 때
가끔 역방향 좌석을 선택한다
다가오는 것보다
밀려가는 것들의 모습이 궁금해서다
다가오는 것들은 시시각각 빠르게 와서
짧게 전송하고 모습을 감춘다
사라져 갈 뿐 뒷모습은 남기지 않는다
환송객의 짧은 박수 소리와 같다 냉정하다
밀려가는 것들을 보자 비록 뒷면일지라도
느리게 밀려가며 사라질 때까지
장면을 바꾸지 않는다
앞서간 풍경은 그들의 뒷모습을
밀려올 풍경에게 내주고 뭉게구름이 된다
따뜻하다
내겐 언제나 앞모습이지만
엄마는 뒷모습을 남기고 떠나셨다
엄마는 내게 겨울용이다
따뜻하고 방수가 되기 때문이다

바퀴는 둥글고 아버지는 낡았어요

삐걱, 아버지의 한마디가 잘려나갈 때
모서리의 뿔角도 함께 잘려나갔어요
바퀴의 무게를 견디느라
호수 건너편의 허리춤이 뻣뻣해졌지요
녹슨 살에는 뿌리가 잘린 것들의 내력이 있었어요
시간이 멈춘 플랫폼에서
꼬깃꼬깃해진 진료비 영수증을 그에게 건넸어요
가다 서다를 반복하며 몇 개의 바퀴들이 떠다니는 허공
바람이 불어온다 해서
레일 위를 안정적으로 굴러가는 것은 아니었어요
얼어붙은 나무 그림자들이 떠도는 수면 위에서
얼굴을 등지고 힘차게 발로 굴린 우주
한쪽 눈은 낡았고 뒷면은 하얗게 질려있었어요
창백한 아버지의 앞모습이 아른거렸지요
침묵이 가로지른 다리
포토존 카메라에선 뼈끼리 부딪히는 소리가 났어요
앞사람의 등에서 그의 흔적을 지워가며
페달을 밟는 물결
등 굽은 아버지가 낮달처럼 거기 있었어요

우울한 식탁

토막 난 생선들이 춤을 춘다
검은 노을이 걸리고
몇 개의 눈들이 떠다니는 주방
풀잎 흔들리는 텃밭이 싱크대 위에 펼쳐진다
오수에 빠진 활어들이 입을 벌린 오후
나른하게 젖을 빤다
뻐끔거리는 입속에서 한숨이 흘러나온다
불꽃을 피워 올린 부엌엔 안개처럼 연기가 번지고
고막을 두드리는 칼날의 신음소리가 절벽을 때린다
비법으로 전수된 운명의 레시피
깜깜해서 더욱 암울한 요리의 비밀이 누설된다
무음의 건반을 두드리는 남자의 손이 잘리고
설익은 하루가 날것으로 접시에 오른다
부레처럼 부푸는 처마 끝의 그늘이 늘어진다
길을 잃고 표류하는 도마 위의 지느러미들
불협화음으로 내장이 쏟아져 내린다
접시 위에 사내의 동강 난 머리가 제물처럼 놓여 있다
얇게 저며진 살점들
마음먹은 대로 헤엄칠 수 없는 소리가
장식으로 얹혀진다

풍문으로 파마한 머리는 쉽게 풀린다

모란시장 머리방에는 사철 수상한 바람이 분다
창가엔 사인볼처럼 호기심이 걸려있고
풍문으로 파마하려는 사람들로 늘 북적였다
눈인사는 언제나 뒤통수를 향했고
설익은 진실들이 대추나무에 걸려 대롱거렸다

의자를 뒤로 젖히자 가면을 쓴 얼굴이 튀어나왔다
가위에 잘린 머리카락이 도마뱀의 몸통을 흔들었다
계절이 오기도 전에 허풍으로 자라는 싹
그녀의 입속에 회오리가 살고 있었다
유목민처럼 떠도는 바람의 언어가 부글거린다

뜬구름이 사는 아파트는 언제나 창문이 열려 있었고
가짜 뉴스로 생머리를 파마했지만,
뒤돌아서면 쉽게 풀려버린다
장이 서면 머리방엔 빨판 같은 이파리들이 흔들렸다
길과 벽 사이에 존재하는 혀의 간판들
말수록 왕성하게 풀어지는 소문들이 시장 바닥을 휘젓고
다녔다

창가에 앉아 형광등 불빛을 빗질하는 그림자
아무리 독하게 약을 써도
풍문은 유리창을 흘러내려 강물처럼 번졌다
말릴수록 왕성하게 줄기를 키우는 뿌리들
몸통은 사라지고 깃털이 다 뽑혀버린 날개가 거리를 휘저었다

알잖아, 불확실성의 유언비어로 머리를 말면 잘 풀린다는 거

정지된 시간

문은 열리지 않았다
패인 주름살 몇 개 지붕 위에 얹혀있고
처마 아래 그림자가 아른거린다
거미줄로 가로막힌 허공의 빙 둘러선 석벽이
태고의 공간으로 회귀한다

통로를 빠져나간 시간의 흔적이 붉다
유리된 하루의 사슬이 창에 걸리고
미끄러진 인연은 신발이 벗겨진 채로 머물러 있다

빗속에서 무너진 바퀴의 선 하나가 지워진다
돌아가는 것들은 시간의 내력을 갖고 끊임없이 살아갈 테지만
마당 가에서 젖은 잎들이 손수건처럼 흔들릴 때
작별이라는 것을 알았다
손바닥으로 콩닥거리는 시곗바늘을 누른다

바람이 부는 대로 녹슨 풍경이 울먹이고
움푹 꺼진 눈에 어둠이 고인다

죽음은 지붕 위의 이끼 탓인지도 모르지
표정을 잃은 얼굴이 우수수 쏟아지는 낙엽 속으로 구르고

빈집이 무겁게 내려앉는다

거리두기

침묵이 비말들의 날개를 잘랐다
날지 못하는 새들에겐 수갑이 채워졌다
가까워질수록 입에서 튀어나온 바늘들이 침투하고
폐에선 석회화가 진행되었다

익숙했던 주파수의 영역을 벗어난 박쥐들은
길을 잃었다

공항을 배회하는 좀비들의 속삭임
의사는 하얀 가운을 벗어 언어를 잃어버린 입속에 구겨 넣는다
드라이브 스루에 적발된 음주 운전자들
텅 빈 거리를 질주하며
변형된 바이러스들과 등 다독이며 살아간다

검은 구름으로 부푸는 미세 입자들로
입속에 남겨두었던 마지막 언어마저 혓바늘로 돋아나면
히드라의 숨결에 질식한 사람들이 쓰러져 갔다

참회의 시간은 길지 않았고
격리된 사람들은 하나둘 생사의 법정에 올랐다
계단의 갈라진 틈에서 피어오른 스타펠리아

벙어리의 비말들이 입속에서 부글거린다
방호복을 입고 마스크를 쓴 자들만이 활보할 수 있는 골목길
거리 조절에 실패한 나만이 웅크려 있다

변주된 코로나 교향곡 피날레가 울려 퍼지는
베란다 창가

이정환
2016년 ≪율목문학≫ 수필 등단
2020년 ≪시문학≫ 등단

이영선

바람이
햇살이
생生이 태어난
한 소절의 노래
부르리니

주문의 정석

페이지를 접고 또 접어 펼친다
문형에서 이내 잘려진 언어들
자음과 모음이 간결해진다
할많하않

출처는 몰라요 새롭다고 하네요

카페에 들어서면 룰루랄라 문장들이 장황해져요 오늘은 요령껏 트랜디하기로 해요 주어도 서술어도 필요 없는 전지적인 시점에 앉아요 소금과 설탕이 동시에 섞이는 단짠단짠이 최애에요 컵에 얼음을 가득 담아 입안에 한 잔 "아아!" 킹받는 날에 강추입니다 비인칭인 내가 자주 튀어나올 때 가장 나이스한 방식이죠 되받아치기는 눈치껏, 안 됩니다 안 돼 내 안에 내가 많아지면 오지랖이죠 거울 표면에 비대해진 얼굴이 포착됩니다 잠시만 비켜주실래요? 셀카입니다 낄끼빠빠가 핵심이에요 나를 손절하는 나. 하루가 안습일 때 끝내주는 삶의 에너지, 힙한 디저트로 특급칭찬을 주문할게요 엣지있게 쿨하게 테이크 아웃

짱이야
당근이지

소울푸드 한마디에 므훗
센스있게 핫하게 엄지척 주문을 해요

먹방 학습관

공복을 채우세요
평생학습관 먹방입니다

우리의 혀는
맛보기에 딱 좋은 구조
인생 레시피에 물오른 활어들이죠
핫하게 인기짱인 메뉴들을 둘러보세요

기의와 기표가 만나는 장소에서
입문부터 심층까지 골고루 토핑하세요

두 손을 포개고 주린 배를 펴 봐요
입안에서는 군침이 돌고

도마 위에 오르면 두려울 게 없어요
칼질을 오래 하면 깊이가 생기거든요

내일을 해석하려 하지 마세요
응축된 문장이 낯설지 않을 때까지

거울 앞에서 서로 모호해지기로 해요

한낱 꿈 같은 꿈의 세계
한 사발 들이켜 보세요

오늘의 고칼로리, 순수 무한리필

식도락의 몸집을 한껏 키우세요
다의적인 세계가 광활해집니다

컷

나를 현상한다 밤낮으로 걸어온 흔적들 앵글에 잡힌다 공허한 여백은 연속으로 컷컷컷 자른다 다정한 시선은 줌줌줌 줍는다 원초적인 장면들은 현상이 불가능해 보는 것만 보이는 빛의 세계. 전경은 흐려지고 병력은 깊어지고 나는 나로부터 가까워질 수 있을까

너무 가까우면 깨지는 거야

도로에 휘황한 불빛과 요란한 경적
몰려드는 인파
부딪힌다 부서진다

가까이 오시면 안 됩니다

우리들의 축제는 허공에서 빛났지 허공은 선이 뚜렷하지 않아 쨍그랑 날아가는 것에서 빛이 쏟아진다 샤랄랄라라 빛에 그을린 얼굴이 따갑다 메워지지 않는 틈을 낙서로 채우고 금기된 필체로 획을 긋는다 불완전한 사람끼리 관계를 이룬다 어디에도 없는 나와의 조우. 나는 무엇을 기념하

하려 이곳에 왔던가 나를 성형하자던 의사의 안면이 어두워진다 도무지 들어맞지도 않을 입들을 꿰맞추며

괜찮아
여기는 실패가 한없이 묵인되는 곳이니까
살짝만 비틀어 볼까요. 얼짱 각도로

좀 더 가까이. 컷. 좋아요

해 질 녘, 얼얼해진 얼굴을 감싸고 돌아오는 순간,

저 멀리 서 계신 분. 웃으신다
나를 바라보는 내가 웃는다

비문

아버지는 죽을 참 좋아하셨다
전복죽, 호박죽, 팥죽

삶이 퍽퍽해지면 더부룩해지던 뱃속, 찬물에 오래 불린 쌀로 뭉근히 끓여낸 죽이 세상에서 제일가는 명약이라 하셨다 죽 한 그릇 목구멍에 휘휘 저어 넘기면 뭉쳐있던 미움도 은은하게 녹아든다 하셨다 부글부글 속 끓이지 말고 잘 섞여 살라 하셨다 헛헛한 세상이 편안하다 웃으셨다

어머니는 법이 최고라 하셨다
흑미밥, 현미밥, 검은콩밥

그중에서도 윤기 잘잘 흐르는 흰쌀밥을 고집하셨다 밥통에 밥이 부족할까 죽이 되진 않을까 날마다 노심초사 밥물을 살피셨다 고달픈 하루를 얼러주던 어머니의 압력밥솥. 질척한 세상에서 됨직하게 살라 하셨다 끼니마다 고슬고슬 갓 지은 밥을 찰지게 꾹꾹 담아내셨다

허여멀건 죽만 드시다 바스러진

아버지, 허공에 날릴 때

깊은 시름에 빈 가슴 된
어머니, 사는 것이 죽을 맛이오 애愛 태우셨다

샴쌍둥이

진공으로 부푼
내 얼굴은 반토막 난 두 얼굴

붉은 심장을 달고
오랜 증상을 앓는
입이 두 개 눈이 네 개
유독 기다란 목의 뼈

절반의 사랑과 절반의 증오
정면과 측면 사이
달링. 달링
닮은 것은 모두가 단짝이 된다

나도 모르는 나의 단어들을
사랑할 수 있겠니?

벽에 부딪히면 관계가 불편해진다
뒤꿈치가 걸리는 곳을 조심해야 했는데
자주 미끄러지는 바닥

선을 긋기에 가장 좋은 건 칼질
우리는 비스듬히 깊어지기 위해
지속적으로 날카로워진다

미완으로 흔들리는 다정한 얼굴들이
몽롱해지는 햇살을 놓아주지 않는다

이영선
2014년 ≪시문학≫ 등단

이근숙

나를 잡아줄
단단한 말을 찾아
입속 눈깔사탕처럼
오래도록
굴리고 싶다

사막

낫 동안의 말들이 증발하고
다시 시작해야 할 빈 페이지

아무것도 덮지 않은 생각을
맨살로 걷는다

누군가는 오아시스를 찾아 떠났지만
나는 사막에서 우물을 판다

유행 지난 문명의 잔해에서
화석이 된 나를
견디면 그것도 신앙이라고

사랑이 불러 세웠던 시간을
지평선 너머로 건너가는 낙타를
불 꺼진 가게 셔터를 내리고 돌아온 바람을

누군가의 발밑에서라도 다시 일어서고 싶은

그대가 등을 밀어
넘어지면 그냥 쉬어가고 싶기도 한

비밀번호를 찾아 끝없이 로딩 중인 나는

목이 마르다

풍경소리

두 물줄기 서로에게 닿아 허물어지는 것을 내려다본다
만난다는 건
머문다는 건
문득 지나간다는 걸

우체통 앞에서 만지작거렸던 하얀 봉투
품속에서 모래알처럼 서걱이고
수종사 안개는
젖은 고요를 흔들어 옛 얼굴을 지우고 있다

보관되어 있던 시간을 돌려주는 자리
찻잔 속에 식은 바람은
너 닮은 종이 냄새 끝자락에 머물고

그대 숨소리로 아침이 오고 새 소리 들리고
길이 열렸던 사소한 날은
끈질기게 달라붙던 축축한 풍경으로 지나가고 있었다

우직한 번뇌 하나 처마 풍경에 걸어두고

전망대에 올라

지난 이름 버리고 새 물길 여는 두물머리 내려다보며
헤어짐을 생각하던 때가 있었다

그 사람 안부가 궁금하다

식어 있는 온기 안쪽으로 돌아누워
먼지 쌓인 책장을 넘긴다
투명한 시간을 건너 단풍잎 하나
부르르 몸을 털며 일어난다

땡볕 아래 퍼덕이던 풋사랑 떨구고
밟을 때마다 멀어지던 길모퉁이 돌아
떠나간 사람 지나간 계절 끝에 서 있다

춥지 않았던 밤바람에
흘러내리는 겉옷을 추스르며
오래 생각하다 눈 한 번 감았다 뜨니
생육의 노래 부르고 있었다
노래방의 번쩍이는 조명등 타고
애인이 되어 주세요를 휘청거리며 공중에 굴린다
조명 짙어지고 시간도 깊어지고
아무것도 남지 않은 빈 몸이 되었다

그해 가을

초록을 탕진하고 머물다 간 여름
불쏘시개로 소신공양한 시간
익을 만큼 익은 무게에 지쳐
떠나갈 거리를 가늠하던 사람
잎맥에 단풍 든 소리 책갈피에 갈무리했다

가끔은 그 사람 안부가 궁금하다

간고등어

포말의 난타에 멍 자국 등짝에 새기고
짠물 품은 성어가 된 것은 바다를 영원히 헤엄치고 싶었기 때문일까

식빵을 구겨 입으로 넣으며 비린내 나는 밤을 지나
가슴 한 조각으로 허기진 날들을 노래하기도 했다

빛나던 집기류들 의자와 테이블들
지나치는 발걸음에 눈길 주었던 간판의 마지막 자존심도
거친 손길에 부서지고

하염없이 항해하던 시곗바늘은 암초에 부딪혀 쓰레기 포대에 던져진다

내장 빠진 빈자리에 짠내 나는 먼지는 내려앉고

창밖에 또닥또닥 떨어지는 빗줄기 무엇을 위해 견디는지도 모르는
빛바랜 시간

눈에 띄지도 않는 몸부림 그 속에 거꾸로 쇠잔한 기력이 있어

다시 소금에 절여져 유예를 기다리는

밤 깎는 남자

길바닥에 앉아 밤을 깎고 있다
남자는 시퍼런 칼날로 겉껍질을 벗기고
더 날렵하게 떫은 속껍질을 깎는다

덮어쓴 모자에 가려진 남자의 얼굴이
밤껍질로 떨어진다

매끈한 속살에 잠깐 머무는 안도는 사치일 뿐
한 봉지 오천 원 적힌 좌판에
손으로 깎은 시간을 쌓는다

낮과 밤이 기울어진 길에는
밤꽃 향기 여물고 눈 내리는 시절이 몇 번 지났다

좌판에
한 봉지 구천 원 적힌 밤 봉지
기다리는 아이들의 허기진 눈망울이 쌓이고
어둠을 밀어내려는 손은 쉬지 않고 움직인다

남자는 가시 속에 웅크렸던 긴 밤을 깎고 있다

밤을 건던 발자국
진액처럼 달라붙던 어둠을 깎아
가슴팍에 달라붙은 숨을 토하며 여명성을 쫓던 내가 있었다

이근숙

2005년 ≪조선문학≫ 등단. 전국 김소월 백일장 입상, 경상북도 문예현상공모전 입상, 마로니에 여성 백일장 입상
그림동화 『약속할게요』, 『네 마음을 갖고 와 봐』
시집 『피뢰침이 필요한 어 느 여름날에』

양순승

이파리 뒤에서
꽃을 피우는 식물성 고독
빛이 보이는 건
발아의 자맥질일까요

떨켜

당분간 네트워크를 모두 차단합니다
폐업은 아니고요
개점휴업이라고나 할까요
신문도 커피도 애인도 당분간 사절입니다

겨울잠을 자려는 건 아닙니다
늘어진 나이테의 두께와 번진 색깔을 여밀 때가 된 거 같아요
맞아요 내부수리예요

군더더기를 벗고 내 안을 들여다보려는 거죠
내가 내게 하는 말에 귀를 기울여보려는 거죠
속살을 만져보려는 거죠

잉잉 마른 가지로 소리 내어 울어볼 참입니다
속 없이 웃어도 볼 겁니다
햇살이 눈살이면 어때요 볼 테면 보라지요

춥지 않겠냐고요?

비밀인데요
붓기를 부추기는 입과 귀를 막아요

생의 노역이 서쪽으로 옮겨가는 시간
와이파이 끊긴 스토리를
다시 봄날로 의역하려는 거죠

뒤고 중에는 건들지 마세요

맹지

바깥에 갇혀 바깥이 되어 있는 고치
타래를 틀어요

삼켜버린 실마리와 잃어버린 끝머리
등을 기댄 별과 그늘이 발 묶여 방치된 늪
늪과 잠이 같은 깊이로 빠져들어요

나는 이파리 뒤에서 꽃을 피우는 식물성 고독의 체질
독 속에 숨어들어 번데기로 잠든 적이 있어요
술래 없는 숨바꼭질로 섶에 혼자 집을 지어요
수렁의 잠은 환한 꿈으로 가는 길
잠결은 머리를 세우고 날개옷을 궁리하는 포궁이죠

어두울수록 밝아지는 더듬이가 골똘을 세워요
별처럼 암호를 흩어놓은 어둠의 전략이 능란하네요
비밀번호를 더듬어요
일곱 개의 버튼이 힌트
촉수에 들킨 북두칠성이 등대처럼 두근거려요

주변이 뜸하거나 엿보는 조도 깊어 막다른 곳
블랙홀로 찍힌 분기점이라면
탈바꿈하기 완전한 분수령이죠

내재율의 날갯짓을 가진 번데기
고치 속 접혔던 발이 간질거려요
빛이 보이는 건 발아의 자맥질일까요

삼켜버린 실마리에서 날개가 자라나요

어둠으로 쓴 실크로드 내 서사입니다

마우스

은밀에 업힌 손이 두리번거려요
순간은 눈이 빠르죠

긴 꼬리는 이카루스를 지나 이어렌델 잠든 나비의 울음까지 닿아요

소나기로 왔다 번개로 사라지는
벼룩시장을 휘젓는 솜씨로 내 꿍꿍이를 훔쳐보죠
누구와 연애를 하는지
무얼 찾아 밤바다를 떠다니는지
히스토리를 별자리처럼 낱낱이 기록해 놓았더라고요
찔끔했죠

들킨 게 많아 꼬리를 잘랐어요
꼬리가 길면 잡힐지도 모르니까요

속셈을 알아차렸을까요
눈이 닿지 않는 코스모스에서 카오스까지 확장을 거듭해요
금세 바구니 그득
작은 입으로 오물오물 알곡을 곧잘 물어 날라요

성근 내 손가락이라면 새어나갔을 비밀도
꼬리를 내리고 말죠

눈알을 굴리며 허술한 내 구멍을 대신해요

조그만 등에 업혀 살 것 같은
불길한 예감이
손안에 맞춤으로 쏙 들어와요

아무래도 덫에 걸렸나 봐요

진술

결국 휘말리고 말았습니다
치명적인 순간으로 치달으려는 의지는 추호도 없었습니다

사건의 전말인즉
피같이 소중한 내 몫을 뻔뻔하게
그것도 여러 번에 걸쳐 빨대를 꽂고 들이대며
인내심의 한계를 건드렸다는 것입니다
그의 잘못을 묵과할 수 없습니다
내 과실만은 아니라고 강력하게 주장합니다
지극히 충동적이있고
방어의 목적이 더 컸다는 것입니다

마음에 걸리는 것이 있다면
손바닥에 힘을 실어 세차게 내리쳤다는 거
사체를 유기하고
혈흔을 말끔하게 지워
증거를 인멸했다는 거

가책 없이 시원하게 꿀잠을 잤다는 거

고심 끝에 실토를 결심한 것은
모기와 나는
피를 나누어 가진 혈연관계라는
양심이 찌르는
일말 통증의 권유였다고나 할까요

슬기로운 생활

허리를 펴는 자음 모음들
삐딱 기운 고딕들이 눈꼬리를 내려 눈높이를 맞춘다
두꺼운 양장을 벗은 위인들이 먼저 손을 내민다
소설은 말초적이고 전개 빠른 팩션*으로
테두리가 굵은 개념은 관념을 벗고 얇아진 차림으로

이름부터 낯설어야 눈이 간다
쏙 뺀 눈물로 커피를 끓일 수 있을 만큼
슬프거나 웃기거나
툭 던져진 한 방에 군침이 돈다
사랑과 이념에 국경을 내거는 건 뒷방으로 가는 지름길
프로이드와 공자를 읊다간
고독 정식에 초대된다

토씨 빼고
푸념 떼고
머리꼬리 잘려 나간 저세상 말
못 알아들어도 제스처는 품보다 서너 배는 크게
관절이 삐걱거리는 활자일수록

단출한 멀티시스템으로
날렵한 변신은
선택 아닌 필수 덕목

새 뜻 밀어닥치는 물결에 밀리지 않고
목소리 한 줄이라도 내려면
날개 끝이 너덜거릴 때까지 일단
파닥이고 볼 일이다

도서관 문이 열린다

* 팩트와 픽션의 합성어

양순승

2017년 월간 ≪시문학≫ 등단
2024년 아르코문학창작발표지원 시선정

백승희

등나무 꽃송이가 햇살을 삼킨다
그런 날에는 그늘이 생기기 마련
누군가 시간의 열매를 쥐고 그늘에 앉는다 해도

그늘을 들여놓은 의자
하루가 흔적이 없어서 좋았다

그의 설계도를 훔쳐본 일이 있다

나무의 일이다

허공에 그물을 치며 뻗어간 욕망
온통 얽힌 시간을 공중에 들어 올린
푸른 절규를 알까

이쪽과 저쪽
이승과 저승까지 다리를 놓으려 했던
허공의 그림자 하나
우리의 헛손질로 새긴 인연마저
가지가 되어

나무에 등을 매달고 향을 피워 올린다
등꽃의 보라
높은 상징은 잎도 가릴 수 없고
구름도 덮을 수 없어
빛나는 별자리들 내려와 평면도를 이루었다

갈등을 엮으며

손을 뻗어 허공에 새긴
우주의 형상

천상의 금줄 하나 드로잉 중이다

만약에 비

바람이 몰고 가는
양떼구름을 풀밭에 매어 두네
양장본 시집 속에서
얼룩말이 뛰는 것을 본 것도 같은데

구름을 가장한 음모가
소낙비로 퍼붓는 오후
처마 없는 길 위를 빗물로 서 있네

마음이 오래 짓눌리면
울컥, 쏟기라도 해야 한다는
구름의 전언이 위로일지도 몰라

잃어버린 약속들이
빗줄기를 타고 오는 길
문득, 얼룩말 자세로 달려갈 수 있을까

구름을 조금 오려내고
햇살 쪽으로 걸어간

만약이
푸른 초원으로 양떼몰이를 할지도 모르지

꺾인 시간 펼쳐 빗속을 달린다

레인스틱

사막의 언어를 새기며
미라가 된 선인장
비의 스틱을 흔든다

모래바람이 길을 지우면
물병자리를 잃은 실크로드
물의 숨소리 찾느라 맨발로 헤맨다

사각의 물통을 이고 반나절을 되짚어 와도
출렁이지 않는, 눈물
붉은 먼지투성이에서 버짐꽃이 핀다

야생들은 쓰러지고
기다림에 꺾인 선인장은 풍장이 되어간다
마른 입술이 타들어갈수록
구름을 어루만지는 샤먼의 북소리
레인스틱을 깨운다

오아시스에 차오르는 물의 능선

별들이 범람하고
물병자리에서 꿈이 쏟아진다

목마른 빗소리, 레인스틱을 구른다

오래된 강에서는 종소리가 난다

비가 내린다
수몰된 시간 위로 피어오른 비릿한
안개 속에 불어난 강물
쏟아지는 빛의 문장 깨닫느라 핏발이 선다

별과 바람이 오갔던 어머니의 강

날카로운 바람 소리 뒤척이며
메아리가 그리는 동심원

물비늘을 뒤집는 아픈 기억들
표창을 던져 풍랑을 일으키는 말 말 말
언어의 물고기가 뚫은 표적으로
염증을 앓고 허물어지는 강둑

울음이 잠겨 있는 강에서
묵주기도하는 어머니
강물 속 깊이 잠긴 그 울음소리

어머니의 기도는 바람을 타고
은종을 울리며 멀리 하류로 퍼져간다

비가 내린다
어머니의 오래된 강에는

화색이 돈다

오늘 구름이 심상치 않다

사거리 바람은 찻집의 문을 밀고 들락거린다
떼 지어 온 꽃잎들이 웅성거리며
살다 온 곳의 봄을 불러놓고 한동안 서성거리곤 했다

테이크아웃의 컵들이 꽃 향을 들고 와
방마다 걸린 겨울을 밀어낸다
벽에 걸린 꽃무늬 치마가 찰랑거린다

아직, 먼지 수북이 쌓인 피아노 건반엔
오랜 시간 덮어둔 글루미 선데이가 얹혀 있다

뜨거운 에스프레소의 갈색 수액이 실핏줄을 타고 돌아오면
겨울잠을 깨울 수 있을까

건반의 문을 열고 봄 처녀를 부른다
방안에서 화색이 놀는 수선화 한 다발

봄이 번진다

백승희

2006년 월간 ≪수필문학≫ 천료 등단
2017년 월간 ≪시문학≫ 등단
수필집 『시간의 소쿠리』, 『다카포』 외
시집 『눈으로 지은 집』

김순길

심해에서 저음으로 깔리며
멈추지 않는
격정의 바다를 건너왔다
악보의 열두 번째 마디에서
소용돌이치며
시간은 여울이 되어 흘렀다
상류로 치닫는
절정의 노래를 부른다

엄니

꿈속은 고요한 나라
목소리가 안 들려

세상은 해일이 넘실거리는데
아침의 미소 담백해
흐트러진 시간을 정리할 수 있을 것 같아

어머니라 부르면 아스라이 출렁이는 물결
회랑 끝, 진달래빛 치마저고리 고이 차려입고
말없이 바라보다 돌아서는 모습
시간이 거꾸로 흐르는 듯
주름 하나 없는 얼굴

엄마라 부르면 활짝, 꽃으로 피어나네
머리를 빗겨 주고 깨끗한 옷 입혀 주던 손길
세상 다 가진 듯 흡족하던 그 미소
놀다가도 문득 돌아와 엄마를 확인하던 날들

흘러간 물은 돌아오지 않고
꿈결은 아득히 그 시절을 맴도네

죽비

시공을 가르는 소리에
새 세상이 시작된다

어깨 한 번 툭 치니
자울자울 흔들리던 우주가
제자리를 찾는다

잡념의 소용돌이 다스리는
바람의 매질로 티끌까지 날려
무념무상의 백지를 펼친다

텅 빈 자리에
삼라만상이 새로 피도록

소리 없이 흐르는

고요 속, 붓끝이 스쳐 가는 자리
수묵이 스며들면 계곡은 깊어지고
숨겨진 빛은 환히 드러나
백지였던 우주에 생기가 돈다

하늘을 그리다 남겨둔 여백은
구름이 되고 별이 되고 해가 되네

먹물이 품은 것은 어둠이 아니야
숨죽인 그늘을 머금고 푸르게 물드는
이끼처럼 은근한 마음이지

묵향 가득 스민 방안에선
깨진 약속, 반짝이던 추억의 조각도
귀에 꽂히던 벼락의 비명도
물기를 머금고 잦아드네

고요를 긁으며 밤새 삐걱거리던 주각배 한 척
물살에 부서지는 달빛 실어 유유히 흐르네
빛바랜 수묵화 깊은 여백 속으로

귀울음

평생 도시의 소음 속에서
어머니는 바닷가의 추억을 놓지 못하셨네

끝없이 밀려와 부서지던 포말의 노래
발등을 쓰다듬던 모래알의 반짝임
비췻빛 물결 속에서
수초처럼 일렁이던 가슴

낯설기만 한 삶의 귀퉁이에서
그 바다가 불현듯 밀려들 때
보청기를 뚫고 출렁이는
먼 파도의 뭉그러진 소리에
깊은 눈 속에서 추억이 반짝였지

반백의 귀밑머리, 희미한 햇살 아래
이따금 떨리는 손 귀에 대며
이방의 소리를 해독해 보던

모래시계

손톱도 없이 바위를 긁어낸 바람의 세월
얼마나 오랫동안 피를 말리며 흘렀을까
마침내 홀쭉하게 꺼져버린 허리
바닥엔 사살된 시간의 파편들 즐비하다

흩뿌려진 조각들, 누가 주워 담았을까
한 움큼 고이 담긴 모래알
유리잔 속에서 흐른다

밀고 당기던 욕심을 내려놓고
저절로 고요해지는 노래

혀끝에 감길 차향을 기다리며
느린 시간을 음미하는 사이
이따금 부정맥으로 널뛰는 심장

한 움큼의 약이
유리잔 속에 녹아내려
삐걱대던 다리를 끌고

남겨진 시간을 주우러 가는 길
바위처럼 뭉친 어깨 아래
숨어 흐르던 온기 아직 남아있어

굽은 손가락으로 잡아보는
시간의 잔

김순길
2010년 ≪과천문학≫ 등단
2011년≪시문학≫ 등단

김미향

예상하지 못한
방향으로 난 길이나 글에
마음이 끌린다
사람 사이에서도
낯설게 하기가 매력적인가
매일 새로운 사람이
되기로 했다

서울의 아라비안나이트

천일야 동안 계속되는 이야기의 끝이 보인다
여섯 개의 빈칸에 부적을 붙이고
알리바바의 동굴로 보물을 캐러 간다
황금에 파묻히는 반전을 꿈꾸며
오늘은 팔자를 고칠 수 있는 팔 자에 꽂힌다
자동과 수동으로 뽑은 기호에 주문을 건다 아브라카다브라
이력서를 써내고 면접을 봐도 암호가 맞지 않았던 취업의 문
열려라 참깨를 외쳐도 열리지 않았다
카드로 카드빚을 돌려막는 사막의 모래 늪에 발이 빠졌다
사십오 대 일의 경쟁을 뚫고
팔백만분의 일 확률로 별이 탄생하는 우주에서
무지개를 잡으려면 요술 램프가 필요해
별자리의 점괘를 읽고 알라신을 부른다
지난밤 꾸었던 황금 돼지꿈이 한 끗씩 비켜 간 토요일 저녁
모래 위에 지은 건물은 허물어지고 황사만 불어온다
내 손에 쥔 카드가 마지막 잎새는 아닐 거야
복권이 휴지 조각이 된 날에도

아라비안나이트에선 베일을 쓴 셰에라자드가 춤을 춘다
알리바바는 매주 복권방으로 간다

황사

버스를 탔는데 고비사막으로 데려다줬다

지상상륙작전처럼 펼쳐진 전쟁의 그림자
미세먼지와 연합한 황사가
앞선 차량을 하나씩 지운다
점점 가까워지는 황색 어둠
재빨리 멀어지는 당신

공습경보가 뒤늦게 울린다
불안에 휩싸인 사람들은 방공호로 뛰어들고
비상등을 켠 거리에
반만 남아있는 가로수와 빌딩들

희미한 산의 능선 위로 떠 있는
모호한 하늘을 보았다

뿌연 허공으로 몰려다니는 혼령들
손에 잡히지 않는 상대와의 전쟁은 전략이 없다
소녀는 이유 없이 화장실에서 칼에 찔렸고

포로는 혼수상태로 돌아왔다

무차별 폭격 속에서
풀은 쓰러지고 웃음을 빼앗긴 꽃들

고비를 사이에 두고 당신과 나는 이별을 생각 중

공습이 해제되기를 기다리며
내비게이션 밖의 길을 찾는다

격포항

배가 포말을 일으키며 포구에 들어온다
프라이팬 같은 내항의 잔잔한 수면이 끓어오른다
생선을 낚아채려고 비상하는 갈매기 떼
선착장 하늘이 가열된다

콘크리트 바닥에 몸을 누이는 전어들
하루치 노동의 무게를 잰다
어시장은 알 수 없는 손짓으로
바닷바람에 흘린 짜디짠 눈물과
그물에 쓸려 굳은살 박힌 상처를 경매에 부친다
태양이 하늘을 불태우고
높아가는 비등점의 소리
기름에 튀겨지는 수신호와 몸짓들로 지글거린다

별을 뿌린 전어가 익어가는 해변에서
파도는 방파제에 부딪혀 몸을 뒤집는다
갯벌을 빠져나온 바지락이 하늘을 향해 입을 벌린다
몰려드는 어둠의 허기를 채우는 저녁

줄어든 어획량의 오늘이 시간의 단층 속으로 기록된다
가파른 절벽이 앞을 가로막지만
바다는 늙은 어부의 자장가가 되어주었다
새벽을 기다리며
백사장을 베고 누워 코를 고는 격포리

등대가 암흑 속에서 별들의 물길을 찾는다

석부작

베란다에 떠 있는 구름이 위태로워 보여
안식은 규격화된다
현관문을 잠그고
서랍을 닫으면 주변과 단절된다

비슷한 사람끼리 나란히 따로 산다
환청이 떠도는 집에서
바닥은 절벽의 또 다른 이름으로 부른다
허공을 빨아들여 오르는 뿌리
천국으로 가는 계단을 한 걸음씩 오른다

암벽타기를 하는 오늘이 추락한다
화단엔 꽃잎이 흩어지고
목숨의 단층들이 솟아오른다

길은 사라지고
꽃들이 길을 막는다

절벽에 집 한 칸 짓는 일은 내 이야기의 미완성

토요일 오후는 난시청이 없다

토요일 오전은 코드가 빠져있다 거실 한가운데 버티고 있는 텔레비전 한 대 흔들어 깨워 이마에 콘센트를 꽂는다 리모컨을 손에 쥐고 전원버튼을 누른다 허공을 가로질러 빠르게 전달되는 광선 도달한 접점이 감응하지 않는다 디지털 신호에 아날로그 반응을 하는 남편 서로 다른 파장과 표현의 의미가 어긋나 우리는 주파수를 맞추지 못한다 결핍의 주파수가 소음이 되어 돌아왔다 변명은 많고 샛길로 빠져 딴전을 피우는 아바타, 방치한 시간만큼 돌아오는 길은 멀다 설정으로 들어가 수동채널설정을 한다 좋았던 추억은 재생시키고 나쁜 기억은 삭제를 한다 원하는 채널의 버튼을 눌러 즐겨찾기를 선택한다 줄에 매달린 인형처럼 브라운관이 움직이고 체념들이 채널을 원격조종한다 소통이 원활해진 토요일 오후 서로의 화면 속으로 몸을 밀어 넣는다

김미향

2018년 ≪시문학≫ 등단
시오름 동인 활동

김기덕

낙엽들이
한때 푸르렀노라
자랑하지 않는다
회한도 미련도 없이
썩어갈 뿐이다

0과의 만남

음식을 비운 접시처럼
달은 어둠을 비우고서야 보름달이 되었다
무소유의 달
대웅전 불당, 부처 얼굴이 달처럼 환했던 것도 비움 때문이었다
속 빈 시간의 굴렁쇠가 태양의 길을 따라 굴러간다
음과 양의 물줄기 합쳐지며 피돌기를 시작한다

0이 더해진 숫자와 사물은 백지 위에서 그리움이 되었다
0을 뺀 욕심은 허공이 되었다
0을 곱한 숫자와 사물은
나무 속에 천년의 나이테를 채워도 0이 되는 하나일 뿐
0을 나눈 숫자와 사물은
물결이 번지며 사라져가는 파문이었다

마음을 비웠다고 못 박은 0 하나
잘난 척 나설수록 십의 배수로 가치가 떨어졌다
0.1, 0.01, 0.001…
마음을 비우고 못을 뺀 0 하나

뒤에서 따를수록 십의 배수로 가치가 상승했다
10, 100, 1000…

0의 얼굴을 닮은 무중력의 비행체가 새처럼
내 품으로 날아들었다
0과 0 사이의 무한 공간 속에 존재하는 사물들은 0을 그리며 사라져갔다
웜홀과 블랙홀을 지나서 미래로 달려가는 靈

0과 0이 손을 잡는다
∞의 세상이 손끝에서 만난다

검은 태양

눈동자에 담긴 에스프레소
그래서 당신의 눈빛은 시고 달고 또 썼습니까

냉혈의 체액으로 담긴 나의 유리잔은
늘 투명하고 싶었습니다

떨어진 응시가 노을로 일렁일 때
보고 싶다 말할 수 없는 강물만 시리게 자지러집니다

빛의 결정으로 닦아내던 그늘의 아픔

까마귀 떼 날아들수록 선명해지는 눈물의 알갱이들은
포옹의 형상을 짜기 위해
붉은 실타래를 풀었습니다

당신의 손길 닿지 않은 곳이 없어서
세상엔 그리움이 빽빽합니다

음각된 화인의 새들은 새로운 떨림에 날아가고

동녘엔 젖은 문자들이 출렁입니다

이젠 알아요,
그대 떠오를 때 내 뒤꿈치부터 밝아진다는 것을

비의 문장

귀를 적시는 램스이어들의 속삭임
은어를 읽느라 몸을 뒤척인다
너의 그늘에 둥지를 튼 밀어는 언제나 오목했다
난청의 언어들로
혀에서 피어난 꽃들마저
귓바퀴에 떨어지자 까맣게 시들었다
너를 비켜 간 물감이 번지고 나면
물의 울음이 풀어지며 수면 위로 떠다니던
바람개비들
접힌 이름을 위해 나의 문장은 존재했다
슬픈 랭귀지, 사랑해
떨어지는 순간 비속어가 된 눈물이 유리알처럼 구른다
가랑잎 소리 회오리 되어
능선을 흘러가도
끝내 숨기고 싶었던 천둥
무게를 견디지 못한 소나기가 후드득 검은 자판을 두드린다
고백이 되지 못해
젖은 음표들이 흘러가는 지붕 위로

마침표를 찍는 하이힐 소리
멍든 색연필 뚝뚝 부러지는 무지개로
너는 떠나고
구겨진 색종이 입술만 길에 밟힌다

마지막 경기

석양에 걸린 노을을
겨울의 갈림길에서 떠맡은 당신의 살얼음판은 고독이었습니까
현상 유지는 흩날리는 소리의 넋두리였습니다

빗나간 신경전이 안타가 되지 못했습니다
어디로 튈지 모르는 불안은 직구보다 커브가 많아서
끝도 없는 눈발 속으로 던져졌습니다
헛스윙을 유도하던 숫자들마저
아무리 뛰어도 제자리인 동그라미들은
왜 낡은 보드 위에 덩그러니 기울어져 있었는지
옳지 않은 건 다 볼이라 되뇌었지만,
엇나간 방망이는 볼을 쳐도 홈런이 되는 이상한 도시였습니다

온종일 우연의 게임 체인저를 기다려온 무게는 촉박했습니다

기울어진 계절의 한복판에서 빈볼만 던지던

당신은 차마 함정이 된 운동장을 떠나지 못했을까요
패배가 습관이 된 일몰이
아침이면 다시 눈떠야 한다는 것은 적색경보였습니다
마지막 승부에서 다 덮고도 남을 눈보라라도 뿌리고 싶었을 텐데
빈타의 냉기를 견디지 못해
땅끝으로 떨어져 나간 모서리엔
당신의 뒷모습만이 긴 그림자를 끌고 서 있었습니다

혓바닥을 잃은 종이컵들은 더 이상 욕설을 내뱉지 않았습니다
무거운 어깨가 빠져나간 세상 끄트머리엔
가벼운 이름의 돌이 채워지고
서녘 하늘에선 한바탕 아우성의 폭죽이 폭설을 뿌렸습니다

겨울 나비

칼날 위에 섰다 사랑의 이름으로, 아다지오 G단조 운명이 흐르자 물결도 숨을 멈췄다 너의 빙벽을 넘기 위해 천만번 점프하고, 천만번 엉덩방아를 찧었다 피멍 든 허공에 밧줄을 걸고 공중제비를 돌다가 밤이면 돌돌 말렸던 붕대를 풀며 허물벗기를 했다 날개는 선율에 몸을 맡긴 침묵의 기도였지 변덕스러운 링크에 바람으로 미끄러지다가도 분수처럼 솟구쳐 오를 때까지 움츠려야 한다 순간의 포옹을 향해 날을 갈아온 시간, 얼음 구두를 신고 춤을 추며 너의 차가운 중심을 향해 몸부림쳤다 내동댕이쳐진 얼음화석이 되지 않으려면 눈물을 녹여 눈꽃을 피워야 했기에 소용돌이의 편지를 써야 한다 너를 향한 사랑의 몸짓은 트리플 러츠의 날갯짓, 이파리가 떨어질 때마다 어깨에 깃털이 돋는다 빙판이 갈라질 때마다 발바닥에 더듬이가 자란다 무중력이 되려나 봐 날아올라 이젠, 회오리가 끝날 때쯤 나는 빙판에 서린 무지개가 될 테니 불꽃을 향해 날아오른 나비, 뜨거운 눈송이 하나 지평선이 닿는 눈꺼풀에 내려앉는다

김기덕

2000년 ≪시문학≫ 등단.

시집 『열매들은 소리 지르지 않는다』, 『사랑한다는 메시지가 낡아 보인다』, 『빅뱅과 에덴』

시론집 『주역에서 시를 보다』, 『이미지의 공식』, 『상자 속의 수평선』 평론집 『뇌과학 비평』, 『홍시와 트라이앵글』

권순용

흐르는 세월
자연과 함께 걷는
보통의 나를
사랑하려 한다

마지막 연인

봄이 가고 여름도 보내고
초조한 가을이 파르르 몸을 떤다
지금 너를 잡지 못하면
겨울이 너무 외로울 것 같아
작은 설렘으로 노크를 했다
단발머리 시절부터 동경하면서
선뜻 다가서지 못하고 애만 태웠다
긴 세월 가슴에 묻어 두었던 간절함이
시간을 재촉한다
말없이 떨어지는 한 잎의 낙엽을 보며
속내를 털어놓고 말았다
식어가던 심장에 불이 붙었다
사그라져 가는 불씨 다시 살려
뜨거운 불꽃 피워 본다
마른 입술에 꽃을 피우고
젖은 눈동자에 반짝이는 별을 키우며
마지막 순간까지 함께 할 동반자
시여 너는
나의 마지막 연인

희망 온도

심장이 식어가고 있다 동력을 잃은 낡은 배관에선 공기 빠지는 신음소리 들렸다 깊은 잠에 빠진 경보기는 위급상황을 감지하지 못하고 혹한의 한기가 폐 속을 파고드는 밤은 거칠게 숨을 헐떡였다 쉼 없이 불꽃을 피우던 버너에 노즐이 막혀 있다 발버둥 치는 어둠 속의 팽팽한 시간 가슴을 압박하던 물길이 멈춘 가장의 혈류는 중년의 벼랑에서 길을 잃었다 사방으로 연결된 배관에 희망을 채우느라 골몰했던 아버지의 세월은 붉은 녹으로 뒤엉켜 있었다 세상이 하얗게 얼어붙은 밤 파고들었던 아버지의 품은 불을 지핀 듯 훈훈했었지 품속을 떠나기 싫어 눈을 감았던 철부지 딸에게는 포근한 이불이었고 식구들에겐 따뜻한 아랫목이었다 임계온도를 위한 순환의 고리 끝끝내 놓지 못하고 끓어오르려 안간힘을 썼다 심장을 교체하고 검진을 마친 의사가 안전밸브를 열자 파르르 몸을 떤다 펑, 숨통이 터진 폐에서 꽃구름이 피어올랐다 아버지의 얼굴에 생기가 돌고 집안 가득 온기가 돈다

풍장의 계곡

인적 드문 산속이 스산하다
뼈만 남아 앙상한 나무들이 신음하고
태풍에 넘어진 고목들 뿌리째 뽑힌 생을 마감한다
낙엽의 혈흔이 번지는 가지마다
매달린 울부짖음에
메아리도 울고 가는 풍장의 계곡
새들은 장송곡 한 소절로 조문을 한다
소리 없는 태풍에 휘말린 별들이
쓰러지는 팬데믹 시대
안개 속을 더듬는 페이지는 불안하다
마지막까지 놓지 못하는 애증의 뼈대 위에
이끼만 축축하다
산등성이 오가는 햇살에 몸을 말리는 영혼들
몰아치는 바람을 맞으며
낙엽 구르는 소리 듣는다
뼈가 녹아내리는 골짜기에서
내생來生의 푸른 꿈을 잉태한다

꿈꾸는 밤

모골이 송연한 칼침도
보늬를 벗겨내는 아픔도 참아야 했다
꽃을 버려야 가시를 두르고
가시를 세워야 씨알을 지킬 수 있는
세상은 팽팽했다
캄캄한 자궁 속에서
떠나버린 꽃을 그리며 풋밤을 보낸 적 있다
점점 배가 불러오는 상현달 따라
몸을 불려 온 시간
다리 한 번 펴지 못해 둥글게 오그린
쪽방도 견디며
달콤하고 고소한 절정의 맛을 새겼다
갑옷을 둘러 성장을 하고
한가위 달이 이울기 전에
말라가는 엄마를 떠나야 했다
첫 비행을 하듯
두근거리는 가슴으로 뛰어내린 알밤
보름달처럼 차례상에 올랐다

겨울나무

앙상한 몸에 가녀린 실핏줄 훤히 드러내고 외로이 서 있다
푸른 아침마다 잠 깨우던 새들은 발길 돌린 지 오래인데
가끔씩 문안 오던 까치부부의 반가운 소식을 기다리는
간절함을 회색 허공에 날린다
열매 다 나누어 준 빈 가지마다 냉랭한 바람 불어오면
외로워서 한 번씩 불러보는 어머니
실오라기 하나 걸치지 않은 알몸으로 퍼붓는 눈을 받는다
눈꽃 한번 피워 보려고

권순용

2017년 《과천문학》 등단
2018년 《한국문인》 등단
시집 『눈꽃 한 번 피어보려고』
율목시민학상 · 과천예술문학상 수상

동시

|

이근숙

엄마 잔소리

우리 아빠는
오래전부터 담배를 피우셨다

지금은 병원에 입원해 계신다

엄마가 병원 갔다 왔을 때
내가 TV 보고 있으면
공부 좀 해라
잔소리하시고

내가 공부를 하면
공부하려면
책상 위부터 치워라
잔소리하고

너무 화가 나 울어버리면
니가 울 이유가 있어
하고 화내는 엄마 때문에

나는 아빠가 보고 싶다

콩나무

우리 집 베란다에
내가 심은 콩나무가 있었다

아침저녁으로 물을 주어도
어제하고 키가 똑같다
너무너무 신경질이 난다

물을 안 줘 볼까
어제도 안 주고 오늘도 안 주니
시들고 말았다

내가 콩나무에 물을 주려고 했더니
엄마는 가위로 콩나무를
싹둑 잘랐다

지우개

할머니 머릿속 하얀 지우개
내 이름도 지우고
엄마, 아빠 얼굴에서 웃음기도 지우는데

필통 속에 반쯤 닳아버린 지우개
잘못 쓴 글자는 지우면서
짝이랑 싸워서 비뚤어진 내 마음은
지우지 못하고
까만 밤을 하얗게 잘도 지운다

시계

잠자려고 누웠다
째깍째깍
놀아 줘
놀아 줘

온종일 보이지 않더니
잠자리에 따라온 시계

째깍째깍
자지 마
자지 마

같이 놀자는 시계 때문에
두 눈을 부릅떴지만
난 그만 스르르 꿈나라 간다

동전 안의 학

내 손에 있는 오백 원 동전

동그란 동전 안에 있는 학

두 다리로 바닥 딛고
앞으로 부리 내밀고
날개를 펼쳐 날려고 하지만
톱니형 테두리에 갇혀
날아가지 못하는 학

얼마나 비좁을까
얼마나 날고 싶을까

집에서 학교로
학교에서 학원으로
학원에서 집으로

뱅뱅 도는 나하고 똑같다

수필

차목련
이정환
백승희
김미향

나비의 꿈

차목련

지하 공간이다. 지하철 스크린도어 틈새에 끼어 있는 흰 나비 한 마리, 무슨 꿈을 좇다 날아들었을까. 더는 날개를 펼칠 수 없는 감옥이다. 유리상자 속 박제품이 되었다. 스크린도어 틈에 끼인 나비가 도시 구석진 자리에 움츠리고 있는 실루엣 하나에 겹친다.

눈길은 온통 유리 벽에 쏠린다. 전철 문이 열리길 기다린다. 자유로운 영혼의 날갯짓은 생명의 원천인데, 푸른 하늘 싱그러운 들판을 벗어나 귀청을 뚫는 쇠뭉치 소리에서 거우 얻는 것은 탄식뿐이다. 초록빛 꿈이 오롯이 담긴 주머니 끈을 풀고 역주행한 자리에 서 있다. 겨울 햇살의 길이를 생각한다. 조급한 생각이 앞선다. '나비야, 너는 나와 같은 전철을 밟지 말아라.' 전역을 떠난 열차가 역내로 들어온다는 방송이다. 조였던 숨을 내쉰다.

닫혔던 문이 열린다. 나비가 빠져나오기를 기다린다. 문이 닫힌다는 안내방송이 끝나도 나비의 모습은 보이지 않는다. 눈을 비비며 살폈다. 객실 안을 제가 놀던 풀밭이라 여겨 날개를 펼쳤을까. 향수 내음 싣은 긴 머리 아가씨들 들판에 짝지어 날아다니던 단짝의 풋풋한 향기로 착각할 수도 있겠다. 생각이 꼬리를 무는 사이 전철이 떠난다.

꼼짝 못 하고 선 몰골이다. 왜, 그 순간 눈에 띄었을까. 순간만 비켜났으면 모를 일이다. 그 짧은 순간순간이 수많은 운명이 엇갈리는, 엄청난 일이 벌어지는 줄 모르고 살았다. 그까짓 나비 한 마리 때문에, 고개를 저어 보지만 발걸음이 떨어지지 않는다. 다시 스크린 쪽으로 고개를 돌린다.

가까이 다가선다. 도어가 열릴 때 보이지 않던 나비다. 믿기지 않는다. 나비가 들고 날 수 없는 자리다. 색지 한 장보다 얇고 가벼운 무게다. 꿈을 찾아 무한 창공을 휘젓고 다니며, 자유를 갈구하던 몸이다. 꽃술에 입맞추고 꿀을 빨며 팔랑대던 모습, 들판이나 산야에 날아다니는 나비를 보았을 때다. 한 자리에 머무르지 못하는 가벼움이 천성이라 여겼다. 쉼 없이 새로운 것에 눈을 돌리는 태도가 경망스럽기까지 했다. 그런 나비가 죽음 직전에 있다.

나비는 죽으면 무엇으로 환생할까. 시인이 죽으면 나비로 태어난다는데. 아무런 의미 없이 시간에 몸을 얹어, 어제나 오늘이나 그저 그렇게 달력을 넘겼다. 창살에 끼인 나비가 나를 돌아보게 한다. 한 번도 생각해 본 적 없는 나의 생을 더듬는다.

아침저녁 바람의 맛이 다르다. 살에 닿는 공기가 싸하다. 이삼일 전만 해도 늦더위 탓에 숨이 턱까지 찼다. 감정의 기복이 심한 내가 급변한 계절을 닮았는지, 아니면 나비의 성정을 닮았는지 의문이다. 자신이 한 약속을 스스로 내려놓는다. 찌는 더위에 땀을 식히며 다짐했었다. 다가올 겨울에는 맹추위가 기승을 부려도 춥다는 말 하지 않겠다는. 소리의 여운이 가시지 않았는데 찬 바람이 몸에 닿는 게 거슬린다.

내 유년의 스승은 벌판이다. 철들기 전까지 그곳을 빼면 할 얘기가 없다. 인근 마을 아이들은 우리 동네 또래들은 벌 년들이라고 싸잡아 놀렸다. 맨발인 채. 벌판과 윗동네 아랫동네를 팔랑거리며 다녔다. 조신하지 못한 나를 돌아보면 틀린 소리가 아닌 듯하다.

나비와 나의 공간은 풀밭이다. 내가 나비인지 나비가 나를 닮았는지 둘 다 한시도 가만히 있질 못했다. 숨바꼭질이 이어진 곳은 풀숲이다. 이른 점심이 끝나면 땡볕에 졸고 있던 마을에 소 워낭 소리가 정적을 깨운다. 사하라나 고비사막의 낙타가 길 떠날 때처럼. 소 치는 목동들의 손에 이끌린 누렁이 소의 행렬이 벌판까지 이어진다.

발정 난 황소가 어린 주인을 깔보고 날뛸 때가 있다. 뒷발길질에 채인 아이는 먼 훗날, 살며 닥칠 위기 탈출을 소를 몰며 배우지 않았을까. 풀밭에 소를 풀어놓은 다음, 꿈의 무대를 펼친다. 한 마리 나비로 변신한 아이는 풀밭을 폴폴거렸다. 무대는 풀밭이다. 노래쟁이가 되었다가 춤꾼이 되기도 한다. 그런 놀이가 싫증 나면 광대놀음의 주인공이 된다. 노루, 토끼, 까투리가 번갈아 청중이 되고, 고정 관객은 나비다. 호랑나비, 부전나비, 팔랑나비와 서로 쫓고 쫓기는 사이지만 알 수 없는 미래에 대한 꿈은 비슷하지 않았을까.

나비의 생이 머문 곳, 유리 벽을 닮은 콘크리트 벽 안에 내가 갇혀 있다. 근 이 년째 흙냄새 한 모금 머금을 수 없다. 이름도 생소한 괴질 때문에 사각 시멘트 속 신세다. 영영 벌판의 향긋한 풀 냄새며 분신! 같은 나비의 날갯짓을 못 볼 것 같은 생각에 짓눌린다.

은발을 한 여인이다. 외톨이의 시름에 젖어 허우적거릴 때였다. 그가 떠나고 봉분에 물기도 마르지 않았는데 흰 나비 한 마리 현관 앞 꽃사과 나무 주변에서 춤사위를 펼친다. 떠난 사람의 넋을 달래는 살풀이춤. 자진모리장단, 중중몰이, 흐느끼듯 휘몰아간다. 어느 이름난 무용수가 저 나비의 절절한 몸짓을 흉내 낼까. 슬픔과 기쁨이 교차한다. 내 꿈을 대신 꾸어주는 나비의 춤사위를 바라보는 일이 바로 내 꿈이란 생각을 한다.

"날 보러 와요. 어서요" 나비가 손사래를 친다.

푸른 숲이 우거진 들판이, 냇가, 언덕배기가 소금꽃을 풀어놓은 망초 마을에서 자유를 외치며 나를 부른다. 한때는 도시 소리에 가슴이 두근거렸는데 이제는 그 소음에 놀라 물러난다. 네온사인의 찬란한 불빛보다 반딧불이의 빛에 가까이 다가가고 싶다. 자연 그대로의 땅에 나비와 한 몸이 되는 춤사위를 꿈꾼다.

빈집

이정환

댓돌에는 할머니의 존재처럼 고무신 한 켤레 가지런히 놓여 있다. 처마 아래 드리워진 거미줄의 궤적이 공허하다. 긴 시간 외롭게 지켜온 빈집이 자신에게서 분리될 수 없다는 듯이 아스라한 기억을 다잡고 있다. 집 한 채 덩그러니 서 있지 않았다면 밭인지 들판인지 구분이 안 될 만큼 잡초들이 마당에 무성하게 자라고 있다. 지난한 세월의 무게로 버거워진 주춧돌 위의 기둥은 풍파를 견디어온 할머니의 세월만큼 주름살이 깊게 패었다. 한쪽 칸이 무너진 채 방치된 사랑채 흙더미 위에 서까래가 답답하게 고개를 내밀고 있다. 할머니가 이곳을 떠나신 뒤로는 찾는 이가 없어서 이젠 거의 폐허처럼 흉물스럽게 변해간다. 태풍이 쓸고 간 수마의 상처로 더욱 처연하다.

매운 맛에 길들여진 것처럼 자극적이지 않으면 눈길을 주지 않는 세상. 무언가를 하지 않으면 불안해서일까. 휴대폰을 뒤적이는 것도 정형화된 일상의 하나가 되었다. 도시에 속살을 내준 현대인들이 방향을 잃고 비틀거린다. 지친 도시인은 불빛 속에 자신을 묻는다. 위로해 줘야 할 나이, 문득 세상이 벅차오름을 깨닫는다. 나를 휘잡았던 시간이 담벼락을 스쳐 지나가는 바람처럼 빠르다. 고샅길을 마주한 채로 우리 집과 비스듬히 이웃한 할머니의 빈집이 그립나. 바깥세상에 대한 철저한 배빈일까, 할머니의 집은 내가 어떻게 사는지조차 묻지 않았으나 기댈 품만큼은 기꺼이 내주었다. 전쟁도 겪었을 테고 눈비와 태풍도 겪었을 것이지만 할머니가 눌러살던 집은 쉬 늙지 않았다. 십수년 전 건강이 악화되어 인천의 따님 집으로 거처를 옮기신 후론 집도 할머니를 따라 병약해져 갔다.

시골집을 방문할 때면 언제나 그랬듯이 할머니의 대문이 가장 먼저 반겨 주었다. 우리 집 바깥마당과 할머니의 대문간이 비스듬히 마주 보며 오랜 세월 진한 행복과 아픔을 함께 나누었다. 가끔씩 찾는 시골임에도 할머니와 따로 산다는 느낌은 없었다. 내가 어릴 적 할머니는 매일 아침 대문간을 쓸며 맑고 인자하게 웃어주셨는데 병으로 고생하시다 재작년 작별 인사도 없이 먼 나라로 여행을 떠나셨다. 이제는 할머니가 환하게 웃으시던 미소를 대신하여 숟가락으로 빗살 채워진 대문만이 여전히 반겨준다.

내 집 마당에 들어서기 전에 할머니 집의 녹슨 철 대문 위를 언제부터인지 까치발로 넘겨다보는 습관이 생겼다. 생전 댓돌에 가지런히 놓인 신발은 할머니가 집안에 계시다는 암시였다. 지금은 주인 잃은 낡은 고무신 한 켤레만이 덩그러니 빈집을 지키며 다만 그가 안 계신다는 것을 여전히 암시해 주고 있을 뿐이다. 할머니의 손길이 미치지 않는 마당과 대문간에 듬성듬성 자란 잡초만이 나의 향수를 달래주고 있다. 할머니의 숨결을 느껴보고 싶을 땐 가끔 대문 앞 잡초를 뽑는다. 어디에선가 할머니의 목소리가 들려오는 듯하다. 거칠고 황량해진 마당 위를 유유히 날던 하얀 나비의 날갯짓이 힘차다. 할머니 되어 오신 듯 쓸쓸하지만 유난히 아름다워 보였다. 대문이 열리지 않던 긴 시간 나비도 답답했던지 내 머리 위를 돌다 어디론가 날아가 버렸다.

나의 시골집도 언젠가는 빈집으로 남을 것이다. 어머니, 아버지가 세월 앞에서 하루가 다르게 주름살이 깊어져만 가고 있다. 장마가 지고 폭우가 내렸어도 전화로만 안부를 묻는 무례를 반복해 왔다. 시간이 없어서, 사는 게 빠듯해서 등등은 바쁜 삶을 편리하게 수식하는 허울 좋은 단어다. 그 한마디면 나의 부모님은 물론 어느 부모님들조차도 찾지 않는 자식을 이해해 주신다. 모두의 공통 언어가 되다시피한 그 말은 무한 생존경쟁에 길들어진 현대인의 아름다운 변명이 되었다. 바쁘다는데 자주 찾아뵙지 못한다 한들 누가 무어라 하겠는가. 나도 그렇게 해왔다. 자극적인 핑곗거리로 일관해 왔던 시간이 나를 속죄케 한다. 그래서일까 이번 여름 찾은 시골집이 더욱 친근하게 다가왔다. 어머니, 아버지 행복해하시는 모습에 그간 밀린 숙제를 한 것처럼 뿌듯하다. 이제 그분들의 한마디 한마디가 유언遺言처럼 될지도 모를 일이기에 후회 없이 자주 찾아뵙자고 다짐한다.

뉴스에 "일본 도쿄 중심지는 일곱 집 반 걸러 빈집이고,

도쿄 중심지에서 반경 30km 정도 수도권은 다섯 집 걸러 한 집이 빈집이란다." 우리도 머지않은 미래에 일본과 동일시될 것으로 예측하고 있다니 걱정이 아닐 수 없다. 농촌을 기피하는 현상과 겹쳐진 고령화가 급속도로 진행되고 있다. 나의 시골 마을도 매년 빈집이 늘어만 가고 있다. 한때는 50여 가구가 옹기종기 모여 윗마을, 아랫마을로 나뉘어 살았었다. 이제는 고샅길 어디에도 꽉 찬 느낌은 찾아볼 수 없다. 빈집이 하나둘씩 늘어 20여 가구로 늘어났고 살고 있는 가구도 대부분 연세 많으신 나 홀로 가구다.

할머니의 빈집도 이젠 더 이상 볼 수 없을지 모른다. 마땅히 정붙이고 살아야 할 다른 가족이 없어서인지 할머니의 따님은 어느 외지인에게 그 집을 팔았다고 한다. 할머니의 손때가 묻은 집이 헐리게 될 수도 있을 것이다. 그때 사라질 할머니 집의 대문과 어떻게 이별할지가 벌써 걱정이다. 어떤 연유인지는 모르겠으나 2년이 지난 지금도 할머니 집은 빈집으로 여전히 남아 있다. 문득 살고 있는 도시의 집이 낯설게 느껴진다. 시골집을 방문할 때마다 마주하는 할머니의 빈집을 통해 기억의 퍼즐을 맞춰보곤 한다. 한때 세간으로 가득했으나 옛 모습만 가까스로 남아있는 할머니의 집, 추억할 수 있는 빈집으로라도 오래 볼 수 있기를 상상해 본다.

까치발

백승희

'철암탄광역사촌'은 한때 광부들이 몸과 시간을 바쳤던 활기찬 곳이다. 우리의 아랫목을 덥혀주던 사람들, 발걸음을 옮길수록 나는 누군가의 아픈 발자국을 밟는 것만 같다. 하천 바람벽에 기둥을 세운 '까치발 건물'을 마주했을 때, 내 오래된 기억이 되살아났다.

처음 까치발을 들었던 때는 여섯 살 무렵이었다. 문턱 너머가 궁금했고, 장롱 위에 숨겨진 어른들의 물건을 만지고 싶었다. 발끝을 들어 올리는 순간, 내 몸은 금세 기울었지만, 그 불안정 속에서 새로운 세계가 열렸다. 까치발은 첫 사다리였다. 여물기도 전에 나는 발끝을 들어 올리는 법을 스스로 터득한 것이다. 도달하지 못해도, 닿지 않는 것들을 바라보기 위해서였다. 목을 뽑아 올리고, 몸을 세우는 그 순간마다 균형은 흔들렸지만, 그 흔들림 속에서만 더 먼 것을 확인할 수 있었다.

까치발 건물은 여전히 강물에 발을 맡기고 있었다. 홍수와 바람에 기울었어도 무너지지 않은 채, 아직도 제 몸을 견딘다. 그 풍경 속에서 깨닫는다. 살아간다는 건 견고하게 서는 일이 아니라, 위태로움 속에서도 끝내 자리를 잃지 않는 일이라는 것을.

'철암'은 멀리 높이 바라보기 위해 까치발을 들었던 시간이 있었다. 탄광의 검은 금이라 불리는 체탄으로 활기가 넘쳤다. 산업의 물결이 파도를 밀고 올 때마다 시간의 녹은 빠르게 마을 곳곳에 스며들었다. 장터에 붐비던 사람들, 선술집에 검은 하루를 내려놓던 걸음이 멈추고 칠이 벗겨진 광차가 박제가 된 탄광촌, 하천에 뼈대를 세워 다닥다닥 지은 까치발 건물은 광부들의 삶의 애환이 담긴 채 낡아갔다. 오래전처럼 까치발을 들고 있다.

빛바랜 작업복과 도구들, 탄가루에 물든 옷의 언어를 받아적는다. 새벽어둠 속에서 아내가 싸준 도시락을 품에 안고 "다녀올게." 나머지 한 손을 흔들며 갱도로 향하는 발걸음은 얼마나 무거웠을 것인가. 생존과 죽음을 동시에 켜켜로 쌓아 올린 유적지, 낡은 건물의 철거를 원했던 주민들의 일부 의견을 배제하고 과거의 흔적을 보존하기로 했다. 이 마을이 선택한 방식이다.

망치 소리로 여는 오늘의 일상은 분명 다른 빛을 쏟아낸다, 그 발자국이 남아 있는 자리에는 관광객들이 서 있다. 검댕이 묻은 광부의 흔적을 배경 삼아 추억을 만든다. 지난한 삶의 현장에서 그들을 기억하는 것, 그 자리를 채우는 새로운 풍경이다.

철암은 재탄생했다. 까치발 건물이라 불리던 삶의 애환을 상징하는 광부 숙소는 전시관, 체험관으로 과거의 기억을 재해석하고 예쁜 카페로 다른 숨결을 품는다. 커피 향

속에 광부들의 체온과 어둠을 견디던 날들이 겹친다. 실제 구공탄을 만드는 체험도 할 수 있다. 광부였던 시절을 기록하듯, 기억을 나무에 새겨 판화를 제작하던 작가는 채굴하던 때의 집념으로 다시 온 힘을 쏟는다. 누군가는 남겨야 할 기록이다. 공방의 불빛이 마을의 저녁을 비춘다.

카페에서 유리창 밖을 내다보니 채탄해 놓은 야적장이 가까이 있다. 광부의 뒷모습은 사라졌지만, 전시관의 벽 속에는 여전히 그들의 그림자가 걸려 있다. 나는 낯선 추억 속 한 가족의 저녁을 오래 바라본다. 그 언어들은 퇴적된 광맥처럼 뻗어 있다.

무겁게 닫혔던 탄광은, 관광의 이름으로 새롭게 문을 열었다. 갱도를 탐험한다. 이곳에 스민 답답한 공기는 여전히 과거의 무게를 잊게 두지 않는다. 마치 과거의 한 시절 속으로 빨려 들어가는 듯했다. 안전모는 제대로 썼을까, 이마에 켠 불빛으로 파 내려가는 어둠이다. 막장의 곡괭이질은 빛을 향해서 까치발을 드는 몸짓이었다. 사람들이 떠난 자리, 광부들의 땀과 숨결이 닿았던 폐광의 어둠은 끝내 지워지지 않았고, 대신 오늘의 불빛들이 그 자리를 채운다. 갱 벽에는 곡괭이로 캐내야 했던 삶의 양각과 음각이 채굴의 현장을 남겼다. 긴장과 생사가 하나였던 순간을 새긴 자국이다.

쇠락한 몸에는 또 다른 빛깔이 스며든다. 강물을 바라보고 선 까치발 건물도 세월이 입힌 옷을 입었다. 사라진 마을과 남은 마을이 교차하는 경계에서, 파노라마처럼 활기

넘쳐나던 그때가 겹친다.

갱도를 나와 천천히 철길 쪽으로 걸음을 옮겼다. 소실점 너머는 볼 수 없지만, 과거와 오늘 사이에서 까치발로 발끝을 세운다. 아직 오지 않은 시간을 바라보기 위해서다.

골목길

김미향

유년 시절을 보낸 부산 신창동 구제물시장 골목길은 내가 인간으로서 갖추어야 할 자질을 키운 곳이다. 좁은 골목은 미로처럼 구불거렸다. 모퉁이를 돌면 다른 길모퉁이가 있었지만 길은 헷갈리지 않았다. 이런 훈련 덕분에 나중에 길을 잘 찾게 되었다. 또한 이웃과 항상 부대끼며 살아서 옆집 사정도 훤하게 알았다. 다들 형편이 고만고만한 동네였다.

우리 집은 작은 마당이 있고 방 세 개와 마루, 부엌이 ㅁ자 형태로 연결되어 있는 특이한 구조였다, 큰방을 지나야 작은방을 들어갈 수 있었다. 어머니가 회초리를 들어도 방들과 부엌, 마당이 통해져 있어서 계속 도망갈 수 있었다. 작은방 위에 다락이 있어서 혼자 올라가 잠이 들기도 했다. 바깥 계단으로 옥상에 올라가면 이웃집 지붕과 연결되어 있었다, 가끔 도둑이 지붕을 타고 넘어와 빨래나 잡동사니를 가져갔다고 했다.

옆집은 학교 선생님 댁이었는데, 그 집 아들과 나는 같은 나이였다. 우리는 골목에서 창문을 향해 '친구야 놀자'를 외치며 함께 놀았다. 나는 엄마, 너는 아빠, 동생들은 갓난아기를 시키며 소꿉놀이를 하였다. 놀다가도 다투면

집으로 돌아와 울었다. 그때부터 나는 그 애에게 시집갈 거라고 막연하게 생각했다. 그러나 몇 년 후 옆집이 서울로 이사 가는 바람에 그 꿈은 허망하게 깨져버렸다. 한 번 놀러왔었지만 결국 아쉬운 이별을 했다.

골목 안집에는 화교가 살았는데 예쁜 딸이 한 명 있었다. 언제나 공주 옷을 입고 머리에 리본을 매고 있었다. 언니 옷을 받아 입기만 했던 나는 그 애가 너무 부러웠다. 엄마에게 새옷을 사달라고 졸라대다 얻어맞기도 하였다.

막다른 집은 우물이 있어 우물집이라 불렀다. 검은 우물은 보기만 해도 무서웠다. 두 살 많은 오빠가 그 집에 살았는데 우리를 이끄는 대장이었다.

우리는 해 질 무렵까지 놀다가 저녁을 먹고 나면 다시 모였다. 달빛을 밟으며 하는 숨바꼭질은 더욱 긴박감을 주었다. 놀 방법은 무궁무진하여 시간 가는 줄 몰랐다. 가끔 옆 동네 아이들이 쳐들어와 전쟁을 치르기도 했다, 그럴 때면 대장의 지시에 따랐다. 일사불란하게 길목을 지키고 옆 동네를 감시했다.

골목을 나오면 번잡한 시장이었다. 낮에는 구제물시장을 돌아다니면서 천 조각이나 반짝이는 단추, 실뭉치 등을 주웠다, 신나는 모험이었다. 귀한 보물은 주머니에 모아두었다. 머리 장식에 달기도 하고 그림에다 붙이기도 했다. 감성을 키우는 바탕이 된 어린 시절의 추억이 있다는 것은 정말 감사한 일이다. 신창동 골목은 내게 안식처이자 놀이터였다

평론

김기덕

언어의 괘卦에서 문학적 창조의 근원을 탐구하다

1. 상생의 근본원리, 주역적 사고

시에는 생각의 씨알이 존재한다. 생각의 씨알이 자라 사고의 둥치가 되고, 의미와 이미지들이 줄기와 가지를 엮음으로써 한 편의 시를 구성하게 된다. 생각의 씨알은 곧 태극이다. 태극은 만유의 본바탕으로서 만물의 생성이 모두 이로 말미암는다. 우주가 비록 큰 것이나 태극 안에 있고, 아무리 작은 존재일지라도 태극을 그 안에 갖고 있다. 태극은 실체들의 근본이면서 실체 속에 존재하는 개별자이기 때문에 천지를 지으신 하나님이 계시지 않는 곳이 없듯, 존재의 상징적 기표로 구성된 시에도 태극의 원리가 작용한다.

태극이 양의兩儀로 이루어졌듯, 시도 양의兩儀인 음과 양의 문장으로 구성되어 있어서 음과 양의 두 가지 양태로 실질적인 활동을 한다. 양陽의 가볍고 맑은 기운은 하늘로 올라가 체體를 이루고, 음陰의 탁한 기운은 안으로 엉겨 땅의 형形을 갖추어 천지가 창조된다. 음이 양이 되고, 양이 음이 되는 순환과정으로 낮과 밤이 생기며 사시四時가 이루어진다.

인간의 다양한 감정과 정서를 전달하는 언어에 있어서도 음과 양의 성질을 통해 내면적 심리묘사가 가능하다. 슬픔이나 고통, 이별, 절망, 억압과 같은 것은 음에 속하지만 기쁨이나 꿈, 사랑, 해방감 등과 같은 것은 양에 속해서 문장의 음양적 성질에 따른 주역적 시 세계를 열 수 있다.

문장의 음양은 주어와 동사의 의미관계에서 형성되기 때문에 어휘들의 음양적 속성을 파악하고, 적절한 결합을 통해 시의 문장을 만들어야 한다. 슬픔을 표현하고자 한다면 슬프다느니, 괴롭다느니 쓰지 말고 음의 성질을 가진 단어를 사용하면 된다. 예를 들면 "나는 어둠 속에 빠졌다"라고 썼다면, '어둠'과 '빠졌다'는 음의 단어이기 때문에 슬픔과 괴로움을 표현해 준다. 반대로 "나는 하늘로 날아올랐다"라고 썼다면 '하늘'과 '날아올랐다'가 양의 언어이기 때문에 꿈과 희망을 나타내준다. 이러한 문장의 관계에서 서술어의 역할은 주어나, 보어, 목적어의 명사적 단어보다 더 중요하다. 양의 주어를 썼다 해도 서술어에서 음으로 뒤바뀔 수 있기 때문이다. "태양이 떨어진다"에서 '태양'은 양陽의 명사이지만 '떨어진다'라는 음陰의 동사에서 전체적 분위기가 뒤집힐 수 있기 때문에 서술어의 역할이 더욱 중요해진다.

태극太極은 양의兩儀가 되고, 양의兩儀는 사상四象, 팔괘八卦로 나뉘어 육십사괘六十四卦로 분화된다. 시도 태극과 같은 하나의 시상에서 분화하여 다양한 사고를 만들며 육십사괘와 같은 표현을 이룬다. 하나의 단어, 문장, 그리고 단락들은 태극일 수도 있고, 양의兩儀일 수도 있고, 사상四象일수도 있고, 팔괘八卦일 수도 있고, 육십사괘六十四卦일 수도 있다. 음과 양의 단어, 문장, 단락들이 어떻게 결합되었느냐에 따라 괘卦와 효爻의 풀이처럼 해석은 달라진다.

시에서 육십사괘의 활용은 주역을 통한 실질적 시 쓰기와 해석을 위한 방법론이자 새로운 시각의 문학적 접근이다. 언어의 내용과 결합 관계의 분석으로 괘를 정하고, 괘의 해석을 통해 시의 의미와 정서, 상징성 및 철학성을 통찰하기 위함이다.

높은 담벼락에 가시철망이 설치되어 있다(--)
저 안의 죄는 보이지 않고 하늘은 푸르다(--)
감방 안쪽은 고요하다(--)

사형선고를 받은 죄수가 떠날 때
곡비가 없었고 신의 배려도 없었다(--)
사형 당사자는 장기를 기증한 상태
검사의 인정신문이 끝나고 종교의식도 마쳤다(--)
드디어 집행의 저승 청부업자가 와서
검은 천을 얼굴에 씌우고 밧줄을 목에 걸며
유언을 말하라고 했다(--)
그리고 잘 가라는 말 한마디
순간 마루가 꺼지며 천 길 지옥의 나락으로 떨어진다(--)

환기통으로 보던 별은 사라지고
귀뚜라미 소리가 뚝 끊어졌다(--)

생각하면 나도 무기징역을 사는 사람이다(--)
내 죄는 누설되지 않았을 뿐(--)

- 정일남, 「형장의 이슬」 전문

정일남 시인의 「형장의 이슬」은 모두 음陰의 문장으로 구성되어 역易의 64괘 중 중지곤괘重地坤卦(☷)에 해당된다. 이 괘는 안팎으로 곤괘坤卦가 거듭 두텁게 쌓여 유순후덕柔順厚德한 땅을 상징한다. 중지곤은 상생의 철학으로 하늘의 도를 알았으면 상생의 길로 나아가라는 가르침이다. 인간을 비롯한 삼라만상은 일정 시간 살다가 죽거나 흩어지게 된다. 坤 元亨利牝馬之貞(곤 원형리빈마지정, 坤卦辭)은 인간이 세상을 살아가는 근본원리인 元, 亨, 利의 시절을 거쳐 貞의 시절인 죽음에 이르러서는 암말과 같이 순종하라는 뜻을 담고 있다. 정일남 시인은 「형장의 이슬」을 통해 사형수를 묘사한다. 그리고 자신도 죄인이라서 무기징역을 살고 있다고 말한다. 세상에 죄 없는 인간은 없다. 크든 작든, 또는 감춤과 드러남의 차이일 뿐 죄인으로서 별 차이가 없음을 말한다. 삶에 대한 시인의 내면적 통찰은 사형수의 모습에 자신과의 동질감을 결합하여 자신의 죽음을 직관하는 시선에서 근신의 자세를 도출해 낸다. 인간의 본질을 형장의 이슬로 고무시킴으로써 유한한 허무의 존재로 인지했다. 음의 성격이 강한 문장으로 동일하게 구성되어 시공간적으로 성악설의 사고를 떠올리게 하지만 삶의 방식에 단호한 규범을 가하여 올바른 선을 이루고자 하는 공존의 자기성찰적 사유가 돋보인다. 이러한 깨달음의 과정이 중지곤괘에서 이야기하는 상생의 주역적 사고라 할 수 있다.

"저 안의 죄는 보이지 않고 하늘은 푸르다"라는 문장에서 '하늘은 푸르다'가 양적인 요소로 느낄 수 있지만, 전체적 분위기는 음울하여 음을 나타낸다. 음의 문장으로만 구성된 시는 여성적이면서 부드럽고 치밀하지만, 슬픔과 절망의 어두운 색깔을 띤다.

세 단락으로 구성된 이 시는 天・地・人의 삼재적 구성을 취함으로써 형식에서 천지만물의 이치를 담고자 했다. 첫째 단락은 형무소의 전체 분위기를 묘사하여 天의 상징적 시각을 드러낸다. 시인의 시선은 타인의 시선이면서 밖에 머물러 있다. 둘째 단락은 사형수의 일상과 사형 장면을 묘사하여 地의 보편성을 표현한다. 셋째 연은 자신을 사형수에 합치하여 삶과 죽음에 있어서 모든 인간이 다르지 않은 人의 원리를 나타낸다. 이처럼 삼재의 시각으로 시를 분석해 보면 사고의 다양한 분기, 확장이 가능해진다. 삼재적 접근의 필요성은 세상 모든 만물이 하늘과 땅과 인간에 속하기도 하지만, 문학적 창조의 과정에서 차원이 다른 형이상학적 미학의 접근이 가능하기 때문이기도 하다.

태양의 구릿빛 오븐 안에서
나뭇잎 쿠키들이 익어간다(ㅡ)

금값 치솟든
암소 값이 곤두박질치든
휘발유 값이 오르내리든
잠수함이 침몰하든
어디서 또 미사일을 쏘아 올리든(--)

지난여름 매미는 살아남아 맹렬히 태양의 오븐을 달구었다(ㅡ)
나뭇가지마다 쿠키들이 익어가는 지구의 가을(ㅡ)
오크통 속에서 포도주 더 그윽해지는 지구의 가을(ㅡ)

오존층에 구멍이 뚫리든
빙하가 녹아내리든
어디서 섬들이 가라앉든
태양의 구릿빛 오븐 안에서 가을날의 쿠키들이 익어간다(ㅡ)
말머리성운도 고개를 돌려
지구별의 가을을 굽어본다(ㅡ)
코를 벌름거리며 냄새를 맡는다(ㅡ)

해가 갈수록 그것은 내게
더 아삭바삭거리고 눈부신
금빛(⚊)
올해의 쿠키(⚊)

쓰나미가 쓸어가는 화면이
눈앞에서 연거푸 생생하게 재생된다(⚊)
포도주를 마신다(⚊)
나날이 둔감해지던 내 혀의 미뢰들이 깨어난다(⚊)
어디서 철 늦은 쓰르라미 운다(⚋)

- 박은율, 「올해의 쿠키」 전문

박은율 시인의 「올해의 쿠키」는 구조상 천화동인괘天火同人卦(䷌)에 해당된다. 여섯 단락은 육효와 같다. 두 번째 단락이 음(⚋)의 단락이라서 육이효六二爻를 이루어 상괘가 건괘乾卦(☰:하늘)를 이루고 하괘가 리괘離卦(☲:불)가 된다. 불이 타서 하늘로 오르고 또는 해가 떠서 하늘과 같이 함으로써 천화는 동인同人을 의미하는 것이다.

만물을 성숙시키고 열매를 익게 하는 가을의 태양을 시인은 오븐으로 감각한다. 다사다난한 일들, 무수한 사건들이 함께하는 지구상에서 가을날이 쿠키처럼 익어간다. 시인의 직관이 포착한 대상은 하나의 이미지에 국한되지 않고 형이상학적 이미지로 끊임없이 변용시키며 더불어 살아가는 미학적 세계를 창출해 내고 있다. 시인이 표현하고 있는 쿠키는 단풍 든 나뭇잎이며, 숙성된 오크통의 포도주이며, 다사다난한 사건들이며, 지구상의 가을이며, 성숙해 가는 자신이기도 하다. 지상의 가을날을 대양의 오븐 속에서 모두 하나가 되어 익어가는 모습으로 시인은 묘사한다. "금값 치솟든/ 암소 값이 곤두박질치든/ 휘발유 값이 오르내리든/ 잠수함이 침몰하든/ 어디서 또 미사일을 쏘아 올리든"의 안 좋았던 사건들마저도 지글지글 익어가는 과정으로 인식하며, 시인은 아삭바삭 올해의 쿠키가 익어가는 소리라고 표현한다. 거기에는 쿠키 속의 재료들처럼 모두가 하나 된 동인同人이다. 지지고 볶고 살지만 결국은 운명공동체이기 때문이다.

또한 象曰 天與火ㅣ 同人이니 君子ㅣ 以하야 類族으로 辨物하나니라(天火同人 象辭)를 보면 하늘과 불이 동인이니, 군자가 이로써 유와 족으로 물건을 분별한다고 말한다. 동인이라고 해서 무턱대고 모두가 하나인 것만은 아니다. 유유상종하는 원리 속에서 이 물건은 이 물건대로 저 물건은 저 물건대로 분별할 줄 알아야 바른 동인을 하고 바른 삶이 가능하다. 박은율 시인은 "나날이 둔감해지던 내 혀의 미뢰들이 깨어난다"로 표현하여 동인同人 속의 분별이 있음을 내보인다. 그것은 시인이 세계를 이해하고 대처하는 삶의 방식으로써의 건실하고 긍정적인 감각기관을 의미한다. 고난도 이겨내는 끊임없는 노력과 자신의 역할에 대한 변치 않는 충실함을 보인다. 쿠키가 익어가는 가장 이상적인 사회는 세속에 대한 저항과 반발보다는 수용하여 서로가 하나가 되는 것이며 그 가운데에서도 분별을 잃지 않는 견고한 본질적 자생의 능력을 인식함에 있다. 일상생활에서 존재하는 모든 요소들이 곧 나의 내면적 성장을 일깨우는 자양분임을 깨닫는다.

옹이네 가구 간판을 옹이네 가구로 읽고 다녔다(--)
유장한 아무르 강도 아모르 강으로 기억했다(--)
여름 수련회 민박집 한 방에 누워
철썩이는 파도에 실리는 얘기들
몸 뒤척이며 듣는다(--)
누가 때 묻은 천사의 날개라는 말을 흘릴 때
때 묻은 것은 천사일까 날개일까
궁금증은 접는다(--)
인생이 왔다 갔다 한다는 그의 내력도
나의 내력에도 백태가 끼었다(--)
우리의 기억은 까탈, 옹이가 생긴다고
잘 못 알아들어도 아무르 강은 바다로 흘러든다고
깊은 새벽은
실눈썹 달 아래 빛나는 샛별을 보여주었다(—)
우리는 바위처럼 앉아 조용히 그림자가 되었다(—)

- 남금희, 「노안老眼의 새벽」 전문

문단을 하나의 문장으로 압축, 또는 여러 난락으로 확장할 수 있듯이 여러 개의 음양의 문장들을 압축 또는 확대

하여 분석할 수 있다. ⚌노양은 ⚊양으로, ⚍소음은 근본 양에서 음이 나왔기 때문에 ⚊양으로, ⚎소양은 음에서 양이 나왔으므로 ⚋음으로, ⚏노음은 ⚋음으로 압축될 수 있다. 소성괘에서는 양이 중심이 되는 ☰(하늘), ☳(우뢰), ☵(물), ☶(산)은 ⚊양으로, 음이 중심이 되는 ☷(땅), ☴(바람), ☲(불), ☱(연못)은 ⚋음으로 문장에 활용할 수 있다. 또한 단락에서 핵심문장, 주제문장, 비중 있는 문장이 주가 되어 음과 양의 단락이 결정된다. 그래서 위의 시는 한 단락의 태극일 수도 있고, 여러 단락의 64괘일 수도 있다.

남금희 시인의 「노안老眼의 새벽」은 모두 음의 문장이지만, 마지막 두 문장에서 양의 문장을 이루기 때문에 산지박괘山地剝卦(䷖)에 해당된다. 간괘艮卦(☶:산)가 위에 있고 곤괘坤卦(☷:땅)가 아래에 놓여 땅 위에 높이 솟은 산이 아래가 깎여 무너지는 모양이며, 밑에서 자라는 다섯의 음陰에 밀려 껍질이 벗거지는 상이다. 이 말은 거칠고 딱딱한 것을 부드럽게 변화시키라는 것으로 마음을 비워 세상으로부터 자유로워지라는 의미가 내포되어 있다. 곧, '나'를 벗겨내는 삶을 통해 영원한 생명을 얻는다는 뜻으로도 풀이된다. '조용한 그림자'란 낮아지는 삶을 깨닫는 순간임을 함축하고 있으며, 또한 절대적 실체와 떨어질 수 없는 공존관계임을 한유한다.

노년은 생의 마지막 순간을 기다리며 껍질을 벗어야 하는 시기이다. '깊은 새벽'은 육체적 감각에서 벗어나 심안心

眼으로만 볼 수 있는 세계인데, 그 세계에서 보여준 샛별은 희망적 존재이며, 소멸되지 않는 영원성의 상징이다. 지나온 삶에 대한 해석에서, 부정적 시각보다는 더욱 깊어지는 노안의 긍정적 시야로 세상을 들여다본 것이다. 우리가 다른 삶의 방식으로 서로를 이해하고 판단하며 살아간다 해도 어떤 위치에서든 삶은 소중하고 빛나는 하나의 존재임을 의식한다. 낙엽이 지고 열매가 떨어지는 노년의 계절에 감각들은 쇠해가지만, 강물이 바다로 흘러들 듯 모두가 하나를 이루는 자연의 섭리에 순응함으로써 삶에 달관하는 모습을 보인다. "때 묻은 것은 천사일까 날개일까/ 궁금증은 접는다"에서 정신성과 육체성에 대한 문제를 제기한다. 천사는 정신적이면서 근원적·본질적인 존재이며 날개는 육체적·표면적·활동적인 존재를 표현한다. 접는 것은 '궁금증'과 연결되어 날개는 현실적인 문제를 나타냄을 유추할 수 있다. 노년의 기능이 쇠해짐은 육체적 때 묻음일 뿐, 곧 영혼의 소멸을 의미함이 아님을 내비친다.

2. 어둠을 부화하는 수행적 의식세계

대책 없는 청춘만 가득했던 얼굴들 떠오릅니다(--)

곱디곱게 물들다 벼락같이 시려져버린 얼굴 보이고요(--)

겨를 없이 붉어져 꽃을 나르던 얼굴도 있습니다(--)

내인의 무덤가에선 누군가

듬성한 풀잎 어르며 작은 별꽃을 예찬합니다(—)

있는 대로 목을 늘여 웃고, 불던 계절 한동안 멈췄던 숨을 뱉다

저물기도 했는데요(--)

얼굴과 얼굴이 서로에게서 아무렇게나 사라진 순간(--)

공중에 기웃거리는 죽음은 죽음인 줄 모르고

하얗게

어둠을 부화하는 서녘의 날갯짓(—)

심장 없이도 툭툭, 꽃잎 열어젖히는 날(—)

아무렇지도 않게, 청춘처럼 태어나는 어제입니다(—)

- 채선, 「그날」 전문

"대책 없는…별꽃을 예찬합니다"까지의 문장들로 괘를 만들면 ☶(산)이 되고, "있는 대로…까지의 문장으로 괘를

만들면 ☴(바람)이 되어, 시의 문장 순서에 맞게 초효初爻부터 상효上爻의 순서로 놓으면 풍산점괘風山漸卦(䷴)가 된다. 풍산점은 하나의 시상이 점점 자라는 과정을 거쳐 의식이 확장되거나, 이미지의 농도가 짙어지거나, 형이상적 사고의 차원이 상승하여 점점 표현의 무게와 밀도, 깊이, 높이가 커지는 방향적 진행의 묘사를 갖는다. 채선 시인의 「그날」은 설대적인 자연의 질서와 법칙에 초연해지는 인간의 모습을 보여준다. 삶과 죽음이 지속적으로 끊임없이 일어나는 자연성에 있음을 인지하며 '아무렇게나 사라진 순간'은 '아무렇지도 않게 태어나는 어제'가 된다. 삶과 죽음이 하나이고 순간적이고도 일상적인 자연의 현상임을 각인시킨다. 그러나 비록 우리가 벼락같이 사라지는 짧은 생애를 사는 존재라 하더라도 죽음이 찾아오는 그날까지 '심장 없이도 툭툭, 꽃잎 열어젖히는' 수용의 정신으로 살아가고자 하는 자연에 초연한 정서가 눈에 띈다. 이것은 세계와 소통하는 화해의 방식이기도 해서 사라지는 모든 순간이 희망적으로 변모하여 다가오기도 한다. 그리하여 위의 시 「그날」은 삶과 죽음으로 대조되는 다른 현상을 같은 하나로 바라보는 신선한 자극을 부여하되 점차 새로운 세계를 모색한다는 점에서 풍산점괘와 상통한다고 하겠다. 인간의 삶은 '어둠을 부화하는 날갯짓'이다. 살면 살수록 죽음에 다가서며 허무를 잉태하기 때문이다. 하지만 그 날갯짓은 상승을 꿈꾸는 아름다운 몸부림이기에 '하얗게'라고 표현되어 어둠과 대조됨으로 강한 상승적 승화를 불러온다. 풍산점風山漸은 손괘巽卦(☴:바람)가 위에 있고, 간괘艮卦(☶:산)가 아래에 놓여있어 산에 바람이 부는 괘이다. 산처럼 고정화된 의식에서 바람처럼 차별화된 삶의 유동성을 발휘함으로써 점층적으로 성장, 발전해 가는 변화를 중요시한다. 채선 시인의 「그날」은 결코 완성되지 못하는 미완의, 불완전한 인간의 삶과 죽음이 거부할 수 없는 자연발생적인 하나의 동일한 현상임을 이해하면서 생명체의 유기적인 결합으로부터 초연해지는 세계관을 보여주고 있다.

등불을 밝히고 기도에 든 복숭아나무
부처님의 말씀을 주렁주렁 매달았다(⚊)

풋것들의 꿈이 영글어갈 때까지
새들의 입맞춤에도 노심초사하는 어머니(⚋)

법당 앞에 가족을 세며 등을 달고
촛불을 켜는 투박한 손에서
자비의 언어가 깨어난다(⚊)

나무의 건강과 꽃들의 화목을 위해
망자의 저승길까지 밝혀도
자신의 안위는 뒷전이다(⚋)

맨살의 촛불을 지키는 지등 같은 보살님

무지개 불빛을 온 누리에 뿌린다(━)

사다리를 타고 하늘 가까이 오르면
신을 만날 것 같아 오르고 또 오르며
황금 열매 나누고 싶은 보시의 꿈
향기로운 땀방울로 만개의 등을 달았다(━)

- 권순용, 「푸른 연등」 전문

권순용 시인의 「푸른 연등」은 풍화가인괘風火家人卦(䷤)이다. 풍화가인은 안으로 불(☲:離)이 있고 밖으로 바람(☴:巽)이 불어 바람을 타고 불이 성하는 모양이며, 밖에서 들어와 안을 밝히는 의미가 있다. 아래의 離(☲)는 밝은 생명력을 뜻하는 빛이요, 위의 巽(☴)은 안을 가지런히 정돈함을 의미하니 濟家의 家에 해당한다. 그래서 역易의 풍화가인은 자녀교육과 가정경제에 대한 괘이다. 이 시에서 어머니는 중요한 시적 발화의 기저에 놓여있다. 가정의 화목을 완성하는 연등의 위치에 어머니를 상징화시켜 차원 높은 승화의 단계로 끌어올리기 때문이다. 어머니의 숭고한 삶을 통해 궁극적인 사랑과 참된 진리의 향기를 느낄 수 있는 괘라 할 수 있다. 가족의 행복을 위해서라면 자신의 안위조차도 뒷전인 모성애는 신화적 · 종교적 고행의 의식과도 같다. 종교적 관점에서 세속에시의 고행은 수직적이고 초월적인 성격을 갖는다. 성스러운 근원적 사랑을 보여줄 때 비로소 우리가 꿈꾸는 이상적인 세계가 도래함을 일깨우는 괘이다.

복숭아는 부처님 말씀이면서 법당의 지등이다. 또한 저승까시 밝히는 빛이며 무지개이다. 권순용 시인의 어머니는 가족들의 극락왕생을 위해 지등을 달 듯, 복숭아 열매를 정성 들여 키우신다. 잘 익은 복숭아는 곧 가족의 풍요이며 행복이다. 복숭아를 싸매주기 위해 사다리를 오르고 또 오르면서도 신을 만날 것 같은 기쁨으로 일을 한다. 복숭아를 키우는 삶은 말씀을 깨닫는 삶이며, 행복을 나누고자 하는 보시의 꿈이다. 이마에 맺힌 땀방울마저도 만 개의 등이 됨은 삶의 차원이 다름을 의미한다. 권순용 시인의 「푸른 연등」은 풍화가인괘의 내재적 삶을 일상에서 몸소 실천하고 체험하는 작품이다. 불화의 세계에서 화합을 이루려면 사랑을 원천으로 삼은 믿음이 가장 중요한 것이다. 그것은 有孚 威如 終吉(유부 위여 종길 : 家人上九 - 家人의 道는 믿음과 위엄이 있으면 끝이 길하다)의 도이기도 하다. 자비의 언어는 입에서 나오는 것이 아니라 가족을 위해 애쓰는 투박한 손에서 깨어남을 체득한다.

시 쓰기는 태극을 일깨워 양의를 낳고, 사상을 낳고, 8괘로, 64괘로 분화된 것이 다시 모아져 태극으로 돌아가는 과정이다. 완성된 시는 하나의 개체가 되고, 사물이 되고, 인격이 되어 만물 속의 일부로 돌아간다. 하나의 시 속엔 우주만물의 비밀이 담겨있고, 시가 완성되는 것은 우주만물의 변화주기가 이루어짐과 같다. 사고의 수축과 팽창, 분열과 결집, 폭발과 압축의 과정을 시를 통해 실현함으로써 주역적 시 세계를 열 수 있다면 그것은 또 하나의 역易일 수 있다. 우리가 찾은 생각의 알맹이는 하나가 전체이고, 전체가 곧 하나인 태극이다. 태극은 만물이고, 만물은 시이며, 시는 또한 태극이다. 시 속에 만물을 담아야 한다. 자유자재로 분기, 접속하는 이미지들로 충만한 시의 세상엔 힉스입자에서 무한 우주가 함께 즐거이 괘를 만들며 공존할 수 있어야 한다. 괘는 곧 접속의 법칙이며, 접속은 양자들의 집합에서부터 수천억 은하계들과 통한다. 시인은 언어의 괘를 만드는 자이다. 그 언어의 괘 속에서 시인은 보이지 않는 세계를 보여주는 해설자로서 심오한 차원을 건설한다. 그러하기에 문학적 변용을 꿈꾸는 창조의 근원이 태극의 내면성을 탐구하는 심미안에 있음을 밝혀둔다.

과천 시오름은

문학을 사랑하는 사람들이 자기 계발과 문화예술의 발전에 뜻을 함께하고자 2000년 과천 로고스센터에서 시작된 문학창작 모임입니다.

매주, 글쓰기를 통해 일상의 보편적인 이야기를 나누면서 아름다운 삶을 발견하고 서로를 이해하며 공동체적 사랑을 실천하고 있습니다.

그 과정에서 여러 동인들이 한국을 대표하는 문학작가로 배출되었으며 활발한 창작활동을 보여줌으로써 감각 있는 작품의 우수성을 인정받았습니다.

앞으로도 지역과 세계문화의 발전에 부응하는 문학인으로서 역할을 충실히 해낼 것을 약속합니다.

장소 : 과천 로고스센터

시간 : 매주 월요일 10:00-12:00

문의 : 010-7345-0294

시오름 동향

성 명	등단년도	등단지
김기덕	2000	≪시문학≫ 시 부문
지창영	2002	≪문학사계≫ 시 부문
김순길	2010 2011	≪과천문학≫ 시 부문 ≪시문학≫ 시 부문
이정금	2012	≪시문학≫ 시 부문
이영선	2014	≪시문학≫ 시 부문
김명경	2015	≪시문학≫ 시 부문
안순옥	2016	≪시문학≫ 시 부문
이정환	2016 2020	≪과천문학≫ 수필 부문 ≪시문학≫ 시 부문
백승희	2006 2017	≪수필문학≫ 수필 부문 ≪시문학≫ 시 부문
양순승	2017	≪시문학≫ 시 부문
권순용	2017 2018	≪과천문학≫ 시 부문 ≪한국문인≫ 시 부문
김미향	2018	≪시문학≫ 시 부문
조정화	2018	≪시문학≫ 시 부문
차목련	1999년 2015년	≪수필과 비평≫ 수필 부문 ≪시인정신≫ 시 부문
이근숙	2005년	≪조선문학≫ 시 부문

시오름 2집

다시, 신호등을 켜다

초판발행일 2026년 2월 1일

지은이 : 시오름
펴낸곳 : 도서출판 문학공원
발행인 : 김순진
편집장 : 전하라
디자인 : 김초롱
등　록 : 2004년 3월 9일 제6-706호
주　소 : (우편번호 03382)서울 은평구 통일로 633
　　　　녹번오피스텔 501호 스토리문학사
전　화 : 02-2234-1666
팩　스 : 02-2236-1666
홈페이지 : https://blog.naver.com/ksj5562
이메일 : 4615562@hanmail.net

ISBN: 978-89-6577-593-5(03810)
※ 책값은 뒤표지에 있습니다.